KB052621

민족운동가들의 교류와 협동

민족운동가들의 교류와 협동

초판 1쇄 발행   2017년 12월 30일

저   자 ǀ 정윤재 · 김인식 · 김경민 · 이지은 · 박용규 · 한상도
편   자 ǀ 민세안재홍선생기념사업회
발행인 ǀ 윤관백
발행처 ǀ 돌선 선인

등록 ǀ 제5-77호(1998.11.4)
주소 ǀ 서울시 마포구 마포동 324-1 곳마루 B/D 1층
전화 ǀ 02)718-6252 / 6257   팩스 ǀ 02)718-6253
E-mail ǀ sunin72@chol.com
Homepage ǀ www.suninbook.com

정가   15,000원
ISBN   979-11-6068-138-3   94900
       978-89-5933-496-4   (세트)

· 잘못된 책은 바꿔 드립니다.

※이 책은 평택시의 후원으로 제작하였습니다.

민세학술연구총서 007

민족운동가들의 교류와 협동

정윤재 · 김인식 · 김경민 · 이지은 · 박용규 · 한상도 지음

민세안재홍선생기념사업회 편

 도서출판 선인

책머리에

올해는 민세 안재홍 선생께서 태어나신 지 126년이 되는 해이다. 이번에 발간하는 『민세학술연구총서』 제7권은 2016년 9월 '민세안재홍선생기념사업회'와 '평택시'가 공동으로 기획한 「제10회 민세학술대회: 민족운동가들의 교류와 협동」의 결과물을 정리한 것이다.

제10회 학술대회는 일제 강점기와 해방 공간에서 교류하며 활동했던 민족운동가들의 삶을 조명하고, 그들이 꿈꾼 통일된 독립국가 실현을 위한 인연과 정신을 공유하며, 이를 미래세대에 계승하기 위한 계기를 만들고자 마련하였다.

평주 이승복은 신간회 시기부터 민세와 평생을 함께 한 독립운동가이며, 서울 북촌 지역에 한옥집단지구를 건설한 일제강점기 건축왕 기농 정세권은 민세와 함께 물산장려회·신간회·조선어학회 등 독립운동단체를 지원하다 옥고를 치렀다. 고루 이극로는 "조선어학회"를 지키며 평생 한글운동에 힘쓴 분으로, 1942년 조선어학회 사건으로 민세와 함께 수난을 당했다. 의열단을 이끈 약산 김원봉은 민세의 서울 중앙학교 제자로 1936년 중국 상해에 군관학교를 세웠는데, 민세는 이 학교에 조선청년을 보내려다 일제에 의해 발각되어 2차례 옥고를 치렀다.

이 책에 수록된 논문을 간략하게 소개하면 다음과 같다.

정윤재는 『민세 안재홍의 민족운동과 "조선정치철학"』에서 민세의 민족운동을 위한 노력은 일제치하에서의 치열한 문화투쟁의 하나였고, "조선정치철학"의 '나-나라-누리의 자유사상'은 현대 민주공화주의의 내용들을 그대로 담고 있으며, "다사리이념"은 민주공화주의이념을 바탕으로 하는 현대적 정치사상들을 포함하고 있어 우리 역사와 전통이 현대 민주공화주의와 친근함을 보여주고 있다고 평가했다.

김인식은 『이승복과 신간회운동』에서 평주 이승복이 신간회의 민족주의 좌익전선을 발의한 최초의 두 주역인 안재홍과 홍명희와 인맥을 맺고 막후에서 신간회를 발족시키는 데 주력한 또 하나의 인물이었음을 분석했다. 평주는 신사상연구회-화요회-정우회 계열로 이어지며 홍명희와 맥을 형성하였고, 조선일보사의 영업국장으로 재직하면서 안재홍과 신간회운동·민족언론운동에서 사상과 노선을 함께했다고 평가했다.

김경민·이지은은 『일제강점기 정세권의 도시개발과 민족운동』에서 정세권은 민족자본가로서 신간회·조선물산장려회·조선어학회 등 다양한 민족운동을 지원하는 동시에 주도적으로 참여했고, 1920년대 초반 짧은 성공 후 장기간 침체에 빠진 조선물산장려회를 되살리고 지속시키는 데 기여했음을 고찰했다. 이 과정에서 안재홍과 이극로는 정세권을 조선물산장려회와 조선어학회 활동으로 이끌었고, 이들의 관계를 개인적 연대를 넘은 국내의 산업계·언론계·학계의 연합전선으로 평가했다.

박용규는『해방 이후 이극로의 정치 활동과 통일 민족국가 인식』에서 이극로는 해방 후 통일 민족국가 건설의 방략으로 미국·소련·조선민중의 지지를 받는 3인의 대표자가 공동으로 임시 과도정부를 세운 뒤 정국이 안정되면 보통선거를 통해 완전한 통일정부를 수립하는 방안을 제시하였고, 좌우 연립정부 수립만이 완전한 독립국가를 건설할 수 있다고 보았던 '지사형 정치인'이라고 평가했다.

한상도는『독립운동 시기 김원봉의 통합·연대 활동』에서 김원봉이 의열단장에 해당하는 '의백(義伯)'에 추대된 사실과 의열단이 그를 중심으로 일사불란하게 의열투쟁을 전개한 사실에서 지도자로서 김원봉의 리더십이 분명하게 드러난다고 보았는데, 이는 자신보다 조직과 민족을 우선시하는 이타적인 인생관에 바탕을 둔 것으로 '겸손' '관용' '배려' '솔선수범'의 정신에서 우러나온 것으로 분석하고 있다.

출판에 앞서 옥고를 써주시고 지난해 제10회 학술대회에 참여하여 발표와 토론을 맡아주신 여러 선생님들께 진심으로 감사를 드린다. 또 '지역 대표 항일운동가 재조명사업'에 애정을 아끼지 않는 평택시의 후원과 이번 총서 7권을 포함하여 창립 이후 현재까지 민세연구총서의 꼼꼼한 교정에 힘써주신 이상권 민세기념사업회 이사, 황우갑 사무국장께 감사드린다. 아울러 2011년부터 좋은 인연으로 매년『민세학술연구총서』를 발간하는 데 힘써 주시는 도서출판 선인의 윤관백 사장님과 편집기획자 여러분께도 깊은 감사의 뜻을 전한다.

2017년 11월 30일
민세 안재홍 선생 탄생 126주년에
한국학중앙연구원 문형관 연구실에서
민세학술연구총서 7권 편집위원 대표 정윤재 삼가 씀

차례 | 민족운동가들의 교류와 협동

민세 안재홍의 민족운동과 "조선정치철학"

- "자주적 근대화"의 시각에서 다시 봄 -

정윤재 (한국학중앙연구원 사회과학부 교수)

1. 혼란스러운 근현대사

우리의 근현대사는 여전히 혼란스럽다. 역사 자체가 그렇다기보다 그것을 바라보는 여러 시각들과 연구들이 그저 여기저기 병립(竝立)하고 독보(獨步)하고 있기 때문이다. 그러나 사실상 우리의 근현대사는 결코 복잡하지 않다. 우리는 조선후기와 대한제국기의 국가위기를 제대로 극복하지 못해 일제에 의해 강제로 복속당했다. 이후 우리는 온갖 탄압과 수모를 감당하며 독립건국에의 희망을 붙잡고 끈질기게 저항하고 버텼다. 그러나 피압박 약소민족이었던 우리는 자체의 힘이 아니라, 2차대전에서 미국, 영국, 중국, 소련 등 연합국(聯合國)들이 독일, 이탈리아, 일본과 같은 제국주의적 추축국(樞軸國)들에게 승리함으로써 독립건국을 이룰 수 있었다. 물론 이후는 남북 사이의 경쟁과 대립이 교차되는 과정이 지금까지 이어지고 있다.

그런데 우리의 근현대사가 복잡한 실타래처럼 보이는 것은 1차적으로 남북분단 그 자체에 원인이 있는 것이지만, 2차적으로는 그동안 대한민국이 확실한 역사적 줏대를 가지고 중의(衆意)를 수렴하는 근현대사를 편찬하지 못했기 때문이다. 그 결과, 근현대사속의 여러 인물들과 사건들은 친일이냐 항일이냐와 같이 일본제국주의라는 외부조건을, 좌익이냐 우익이냐와 같이 외래이데올로기를, 혹은 보수냐 진보냐와 같이 정파적 진영논리를 기준으로 먼저 따져 구별하거나 배제함으로써 여전히 분열되어 있다. 그래서 이들에 관한 많은 사료들과 연구들은 아직도 파편화된 지식(fragmented knowledge)에 불과한 상태로 방치되어 있다. 그래서 현재 우리의 지식생산계(知識生産界)에는 근현대사 속의 여러 다양한 부분들이 가지런히 담길 만한 통합적인 전체상(全體像)이 결핍되어 있으며 크고 작은 근현대사 교과서 파동들이 지속되고 있는 것이다.

이러한 문제의식을 잡고, 필자는 우리 근현대사의 주체는 한민족이라는 자연스러운 전제하에 우리의 근현대사를 공동체적 위기와 도전을 당하면서도 희망을 잃지 않고 "자주적 근대화(self-reliant modernization)"를 꾸준히 추진했던 과정으로 간주하고자 한다.[1] 대한제국 전후사와 3·1독립만세운동, 대한민국 임시정부 수립과 선포, 그리고 이후의 각종 문화, 학술, 계몽운동, 신간회운동, 외교 및 군사적 활동들, 그리고 광복 이후 대한민국과 북한이 각자의 방식으로 근대화를 추구하며 경쟁과 대립을 지속하고 있는 사실 등을 감안할 때, 이러한 단정은 충분히 타당해 보인다. 그리고 우리 근현대사의 여러 부면들을 이렇게 바라보고 평가할 때 아직도 서로 소외당하고 있는 많은 사실(史實)들이 의미 있게 살아나고 종합될 수 있을 것으로 기대된다.

---

[1] 한영우 교수는 당초 "자주적 개화" 혹은 "자주적 개방"이란 용어로 이 시기의 정치, 경제, 사회적 움직임을 묘사했다. 그리고 최근의 책에서는 대한제국을 "근대국가"로 간주하고 이후의 변화과정을 "자주적 근대화의 확산"으로 기술하고 있다. 필자는 이 중 "자주적 근대화"를 개념화하여 활용하고자 한다. 한영우, 『간추린 한국사』, 일지사, 2011, 210~214쪽; 한영우, 『미래를 여는 우리 근현대사』, 경세원, 2016, 62~106쪽 참조.

그래서 다음에 이어지는 절들에서 필자는 먼저 우리의 근현대사를 "자주적 근대화"과정으로 간주하고 그 대강을 정리해볼 것이다. 그리고 나서 이러한 맥락 속에서 발견되는 하나의 대표적 사례로서 민세 안재홍(1891~1965)이 일제치하 식민지시기에 직접 관여했던 문화 및 학술분야의 활동들을 다시 보고 평가하고자 한다.

2. "자주적 근대화" 과정으로서의 근현대사

우리가 근현대사를 생각할 때, 꼭 염두에 두어야 할 것이 있다. 구미의 근대사가 남긴 "근대성"(modernity) 혹은 "근대적 합리성"(modern rationality)인데 그것은 정치적 자주와 독립(민족주의/독립혁명), 산업화(과학기술혁명), 그리고 민주공화주의(시민혁명)로 요약될 수 있다. 서양근대의 경험을 다시 볼 때, 그것이 보여준 근대성에는 먼저 신성로마제국 혹은 바티칸의 종교적, 정치적 간섭과 통제, 그리고 제국주의(帝國主義) 열강(列强)들의 식민지배로부터 독립하여 자주적인 민족국가(民族國家, nation-state)에서 자유롭게 살아가기를 소원했던 정치적 비전이 그 바탕에 자리잡고 있었다. 그리고 산업화와 민주공화주의는 그렇게 독립한 민족국가 내에서 살아가는 공동체 구성원들의 삶의 질(質)을 향상시키기 위한 국가경영 차원의 새로운 처방이자 규범이었다.[2]

이러한 맥락에서, "근대화"란 전술한 바와 같은 근대성의 3가지 보편가치들을 중심으로 "한 민족이나 국가의 정치적 자주 독립을 추구하면서 그 국민

[2] 정윤재, 「일제하 한국 지식인들의 저항과 식민지 근대화론」, 정윤재 외, 『식민지 근대화론의 이해와 비판』, 백산서당, 2004, 195~202쪽 참조.

들의 정치적 참여를 점차 확대하고 사회경제적 복지를 증진시키고자 하는 제반노력들"로 규정할 수 있다.[3] 그런데 아직까지도 근대화를 부국강병이나 경제적 성장 혹은 사회적 신분과 계층상의 변화 등과 같은 측면들만을 부각 시켜 논의함으로써 마치 이것들이 근대화의 전부인 것처럼 인식케 하는 흐름이 있는데 이것은 크게 잘못이다. 그리고 근대성의 핵심적 기초라 할 정치적 독립과 자주와 관련된 측면들을 경시하면서 경제적, 사회적, 문화적 치원의 변화양상 등에만 관심을 두고 근대화 과정을 설명하거나 기술하기를 고집한다면, 그것은 어떤 편향적 선입견이나 지나친 "환원주의(reductionism)"에 의한 심각한 사실왜곡을 초래할 뿐이다. 따라서, 우리가 우리의 근현대사를 "자주적 근대화" 과정으로 간주하고 그 과정을 재검토할 때, 우리는 당연히 그 과정에서 정치적 자주와 독립이 어떻게 추구되었고, 산업화 관련 정책이나 조치들은 무엇이었으며, 또한 민주공화주의는 어찌 도입되어 어떤 방식으로 활용되었는지를 살펴야 하는 것이다.

이러한 줄기에서 우리의 근현대사를 접근할 때, 우리는 자연스럽게 대한제국 전후사와 일제치하에서 민족공동체의 위기와 수난을 극복하기 위해 나름대로 선택한 방식들로 자주독립을 추구했던 각 분야의 다양한 노력들을 관찰의 대상으로 삼게 된다. 여기에는 내외의 독립운동사가 포함되는 것은 물론이다. 그리고 국내의 각계각층이 벌였던 의병운동, 물산장려운동, 각종 문화운동들, 신간회운동, 우리말큰사전 편찬운동, 건국동맹 등이 이러한 시각에서 재조명될 필요가 있다. 그리고 이러한 운동들 속에서 살았지만 제대로 주목받지 못했던 많은 소설가, 시인, 작곡가, 음악인, 성악가, 가수 등의 삶과 작품

---

3) "근대화" 속에는 이미 자주적 발전의 가치가 내포되어 있기 때문에 굳이 "자주적 근대화"로 쓰지 않아도 되지만, 우리의 근현대사가 특히 국가적 위기 및 패망과 함께 시작되었다는 사실에 주목하여 "자주적 근대화"를 채용했다.

들도 진지한 관찰의 대상이 되어야 한다. 그렇다면, 국가차원의 존립위기를 당하면서 그것의 극복을 공동체적 과제로 떠안으며 시작된 "자주적 근대화" 과정으로서의 우리 근현대사는 어떻게 전개되었을까?

조선후기나 대한제국기에 공동체적 위기를 당하여 국내외 차원의 문제점들을 비판하고 또 해결하기 위해 스스로 행동했던 개인과 단체들은 무수히 많았다. 순조대에 빈번했던 민란들이나, 1876년 강화도조약이후의 위정척사운동, 1882년 임오군변, 1884년 갑신정변, 1894년 동학농민전쟁, 1895년 을미사변 이후의 의병운동, 그리고 1896년에 시작된 독립협회운동에 참여했던 백성들은 비록 군주와 같은 국정책임주체가 아니고 신분상 여전히 신민(臣民)이었지만 위기에 처한 나라를 지키거나 새로 세우기 위해 나섰던 "개인들(individuals)"이었다. 이러한 흐름들은 분명 일본과 청, 그리고 서양열강들의 집요한 간섭과 지배전략에 대한 자주적, 자위적 저항이었으며, 그 이후 등장했던 민주공화주의적 운동들의 역사적 배경이 되었다. 그렇지만 그 자체로서는 민주공화주의와 무관하다.[4] 다만 이러한 정치적 체험들이 연이어 축적되면서 그 속의, 각 개인들은 그들이 본격적인 정치적 주체로 행동해야 하는 민주공화주의 시대를 이미 앞서서 겪고 있었던 것이다.

우리 근현대사에서, 민주공화주의를 우리 민족의 정치적 비전으로 처음 내세웠던 단체는 도산 안창호가 이끌었던 신민회(新民會)란 구국 비밀결사체였다. 이미 미국 캘리포니아 남부 리버사이드 지역에서 한인동포들과 "도

---

[4] 예컨대, 독립신문은 인간의 존엄성과 자유, 그리고 법치의 중요성을 일반적으로 계몽하기는 했지만, 각 개인들의 주권의식에 따른 새로운 형태의 정치참여의 필요성을 강조하거나 정치적으로 군주제 자체를 부정하지는 못했기 때문에 엄격하게 말해서 민주공화주의운동에 포함시킬 수는 없다. 물론 민주공화정을 공개적으로 새로운 정치적 비전으로 선언하지도 못했다. 이와 관련하여 이동수, 「개화와 민주공화주의」, 『정신문화연구』 2007년 봄호(제30권 제1호), 5~29쪽 참조.

산공화국(Dosan Republic)"으로 불렸던 공동체를 만들고 운영해 보았던 안창
호는 1906년 말 입국하여 양기탁, 이동녕, 전덕기 등과 함께 협의하여 이듬해
4월 새로운 전국적 구국독립운동단체로 신민회를 결성했다. 이 때, 도산은
한민족의 정치적 비전을 군주국이 아닌 "입헌민주공화국"으로 명시했던 것
이다.[5] 이를 뒤이어 노골화된 일제의 대한제국 침략에 맞서 행동했던 개인
들이 수없이 등장하기 시작했는데, 우선 안중근과 이회영이 대표적이다. 안
중근은 1909년 스스로 대한제국의 "의병중장"임을 자처하고 만주 하얼빈에서
이토오 히로부미를 격살했다.[6] 1910년 이회영은 자주국방력의 부재가 망국
의 원인이었다고 단정하고 스스로 집안 내 주요 토지를 모두 매각하고 솔거
하여 200여 명의 동조자들과 만주로 들어가 신흥무관학교를 세우고 즉시 청
년들에 대한 군사훈련을 시작했다.[7] 이들이 비록 민주공화주의를 명시적으
로 표방하지는 못했어도 공동체적 위기에 직면해서 지극히 자발적으로 결단
하고 행동했던 개인들로서 민주공화주의의 도입과 전개라는 시대적 흐름에
매우 합당한 선구적 사례를 남겼던 것이다.

　곧이어, 1911년 중국 남경에서 쑨원이 주도했던 신해혁명(辛亥革命)이 일
어났다. 이것은 아시아 최초의 민주공화주의혁명으로 청 왕조를 붕괴시키고
중화민국(中華民國)을 건국하여 멸만흥한(滅滿興漢)에 성공하자, 이에 자극
받은 한민족지도자들이 망국을 극복할 방도로 신해혁명과 같은 민주공화주
의혁명에 기대를 갖고 움직이기 시작했다. 여기에는 신해혁명에 유일하게
가담했던 예관(睨觀) 신규식(申圭植, 1880~1922)의 동제사(同濟社)가 크게 기

---

5) 신용하, 「안창호의 애국계몽사상과 신민회 창립」, 『한말 애국계몽운동의 사회사』,
　　나남출판, 2004, 353~377쪽.
6) 박환, 『민족의 영웅시대의 빛 안중근』, 선인, 2013.
7) 이덕일, 『아나키스트 이회영과 젊은 그들』, 웅진닷컴, 2001.

여했다.[8] 그래서 경술국치 이후 우리의 민족지도자들은 민주공화주의에 희망을 품고 우리도 할 수 있다는 자신감을 공유하며 적극적으로 움직이기 시작했다. 이 시기에 민주공화국의 건설을 목표로 활동했던 단체로는 대한제국 판사였던 박상진과 서북학회에 참여했던 김좌진이 1913년에 조직한 대한광복단, 대종교 신자들인 윤상태, 서상일, 이시영 등 유생들이 1915년에 경상도지역을 중심으로 조직한 조선국권회복단, 그리고 평양 숭실학교 학생들과 기독청년들이 중심이 되어 1917년에 결성했던 조선국민회가 대표적이다.[9]

일본에서는 조소앙, 안재홍 등이 이러한 생각에서 중국과의 연계를 통한 독립방도를 모색하기 시작했으며, 이는 결국 1919년 2월 최팔용과 송계백을 중심으로 한 같은 일본 내 조선인 유학생들의 2·8독립선언으로 이어졌다.[10] 중국 상해지역에서는 여운형과 장덕수 등이, 러시아 블라디보스톡에서는 이동녕과 조완구 등이,[11] 미국에서는 이승만과 정원경 등이[12] 1919년 1월 파리에서 열릴 평화회의에 각자 민족대표를 파견하여 일제의 조선지배 사실과 조선인들의 독립의지를 국제적으로 알리고자 경쟁적으로 움직였다. 상해의 신규식은 이미 1917년에 조선사회당의 이름으로 스웨덴의 스톡홀름에서 개최되는 만국사회당대회에 조선의 독립을 지원해달라는 전문을 발송했고, 같은 목적에서 1918년에는 이듬해 열릴 예정인 파리강화회의에도 전문을 발송했다.[13]

한편, 국내에서는 이러한 국제적인 움직임들과 연계하여 이상재, 현상윤,

8) 강영심, 『시대를 앞서간 민족혁명의 선각자, 신규식』, 역사사랑, 2010.
9) 한영우, 『미래를 여는 우리 근현대사』, 경세원, 2016, 118~119쪽.
10) 정윤재, 『다사리공동체를 향하여: 민세 안재홍 평전』, 한울, 2002, 37~38쪽.
11) 이정식, 『시대와 사상을 초월한 융화주의자 몽양 여운형』, 서울대학교 출판부, 2008, 152~175쪽.
12) 이한우, 『이승만90년 하』, 조선일보사, 1996, 285쪽.
13) 강영심, 앞의 책, 183쪽.

손병희, 이승훈, 한용운, 그리고 송진우14)와 같은 각계 지도자들이 긴밀하게 공조하여 마침내 3·1독립만세운동을 성사시켰다. 내외의 동포들이 합세하여 일제의 폭력적 식민지배에 대해 비폭력적으로 저항했던 이 거족적 봉기는 일찍이 "세계혁명사의 신기원"15)으로 평가되었었는데, 이는 사실상 우리나라 최초의 민주공화주의적 시민혁명으로 그 결과 대한민국 임시정부가 민주공화국으로 수립, 선포되었던 것이다. 이에 자극을 받은 중국의 청년학생들도 드디어 침묵을 깨고 일제의 중국침략에 항거하는 5·4운동을 도모할 수 있었다.

민주공화주의는 한사람 한사람이 주권(主權)의 분담자로서 나라의 주인(主人)이라는 자의식과 각 개인들은 법 앞에 평등한 인격으로 살아갈 권리를 지닌 존재이며, 국가는 더 이상 사적 소유물이 아니라는 원칙을 핵심으로 한다. 그리고 이 같은 새로운 정치사상은 3·1독립만세운동 이후 1920년대부터 1945년 광복까지 우리 민족운동의 정신적 버팀목이었다. 더욱이 중국 상해에 세워진 대한민국 임시정부는 대부분의 민족구성원들이 새 희망을 품고 살아갈 수 있는 근거가 되었고 내외 각처의 각 개인들로 하여금 자신의 처지와 능력에 따라 나름대로 최선을 다해 독립건국운동에 참여할 수 있게 해주었다. 다만 그 과정에서 개인이나 단체에 따라 일제와 조선총독부에 대한 태도와 접근방식이 각각 달랐다. 물론 당시의 친일동화주의자들은 민족의 시대적 과제에서 유리(流離)된 부류였다. 그 과정에서 민주공화주의에 바탕을 두는 항일민족운동은 민족진영이 주류를 이루는 가운데 1925년 조선공산당이 등장하면서부터는 공산주의자들도 그 일부를 구성하기 시작했다. 이들

----

14) 3·1독립만세운동의 통합적 준비과정에서 송진우가 보인 역할에 대해서는 김학준, 『고하송진우평전』, 동아일보사, 1990, 97~126쪽 참조.

15) 박은식 지음, 김도형 옮김, 『한국독립운동지혈사』, 소명출판, 2008, 535쪽.

은 서로 경쟁하고 대립하면서 일제의 수탈정책과 민족말살정책에 맞서 비판하고 저항했다. 그리고 이 시기의 여러 가지 문화운동과 교육계몽운동들은 바로 이러한 민주공화주의적 맥락에서 시도되었던 자기보존 및 자기회복 노력이었다. 3·1독립만세운동과 상해임시정부의 출범으로 민족의 미래에 대한 희망과 자신감이 심어지고 확산된 상태에서 우리 민족구성원 각자는 이제 왕은 없으니 내가 대신 나서서 책임 있는 주인으로서 꿋꿋하게 민족의 문화와 역사를 지키고, 각자의 자존심을 지켜가는 것이 독립건국에의 길이라 생각하며 어둠의 시대를 살아냈던 것이다.

이러한 맥락에서 1920년대 이후 문자보급운동, 농촌계몽활동, 물산장려운동, 색의단발운동 등과 같은 교육계몽운동들이 계속 이어졌고, 이 같은 흐름은 가곡이나 동요, 시, 그리고 대중가요 분야에서도 나타났다. 예컨대, 작사자가 불명인 가사에 이흥렬이 1924년에 곡을 붙인 가곡 "바위고개"의 가사 중에 "십여 년의 머슴살이 하도 서러워 진달래꽃 안고서 눈물집니다"란 뜻밖의 내용이 들어있는 사실, 홍난파의 "봉선화" 3절이 "북풍한설 찬바람에 네 형체가 없어져도 평화로운 꿈을 꾸는 너의 혼은 예 있으니 화평스런 봄바람에 환생키를 바라노라"인 사실, 그리고 소프라노 김천애가 이 "봉선화"를 감시당하면서도 가는 데마다 계속 불렀던 사실, 또 소파 방정환과 색동회 운동을 함께 했던 윤극영이 만든 동요 "반달" 2절에 "멀리서 반짝반짝 비치는 건 샛별등대란다 길을 찾아라"라는 희망적인 가사가 있는 사실 등이 우선 지적될 만하다.[16] 이러한 노래들의 가사는 물론 일제에 대한 비판과 우리 자신에 대한 믿음, 그리고 미래에 대한 희망을 전하고 있었던 것이다. 그런가 하면 고복수 같은 대중가수는 이제 과거를 모두 잊고 신나게 살아보자는 총독부

---

16) 한상우, 『기억하고 싶은 선구자들』, 지식산업사, 2003 참조.

측의 회유성 가사가 담긴 신가요를 거부하고, 만주 용정으로 떠나 살면서 "타향살이"와 같은 노래를 부르며 여전히 우리 민족의 삶에 깊이 배어있는 향토적 정서와 불행한 민족현실을 일깨웠다. 이들은 남녀간의 연애감정이나 비탄에만 젖어있던 노래들이 아니었다. 어디 그 뿐이었겠는가? 이상화의 시 "빼앗긴 들에도 봄은 오는가?"는 절망 속에서도 희망을 끝내 지키려는 단단한 의지가 녹아있었으며. 홍사용의 시 "나는 왕이로소이다"는 안창호의 국민황제론을 그대로 담아놓은 서정시로 보인다.[17] 또 1930년대 중반 이후 우리의 자연과 토속적 정감을 풍성하게 표출했던 정지용이나 박목월, 조지훈, 박두진과 같은 시인들의 작품들은 결코 현실도피적인 낭만을 좇았던 것이 아니었다. 그들은 이러한 시작활동을 통해 일제에 의해 강요되었던 민족현실을 차갑게 거부하고 떳떳한 자긍심을 품격 있게 지켜내려 애썼던 것이다.

이렇게 일제치하 암흑기를 희망과 자신감을 접지 않고 끈질기게 버텨 나아가던 중 2차 세계대전이 연합국의 승리로 종식되었고, 그 결과, 우리 민족은 광복(光復)을 맞았다. 다만 우리가 일제로부터 해방은 되었지만 민족은 이내 반으로 갈리는 반쪽짜리 해방이었다. 그래서 한반도에는 민주공화주의에 대한 자유주의의 길(liberalist road)로 들어선 대한민국과 사회주의의 길(socialist road)로 시작된 조선민주주의인민공화국이 서로 대립 혹은 경쟁하는 2개의 국가가 세워졌다. 이후 북한은 6·25 무력남침으로 공산화통일을 기도했으나 자유우방 16개 국가들의 군대로 편성된 유엔군의 참전으로 실패로 끝났다. 대한민국은 박정희시대의 경제근대화 성공으로 세계적인 모델국가로 성장했고 G20정상회의의 주요구성원이 되었다. 그동안 남북한은 전투를 잠시 멈춘 휴전의 긴장상태 속에서 상호 대립과 교류가 교차되는 불안한

---

17) 이상화, 『빼앗긴 들에도 봄은 오는가』, 시인생각, 2013; 김학동, 『홍사용평전』, 새문사, 2016 참조.

관계를 유지해오고 있다. 그러나 북한은 공산주의나 사회주의와 같은 용어들을 헌법과 각종 공식문서에서 삭제하고, 그것을 "김일성주의"로 대체함으로써 민주공화주의의 정치사상적 흐름에서 사실상 이탈했다. 이제 21세기 한반도에는 대한민국만이 민주공화주의를 성숙하게 구현하면서 자유롭고 풍족한 공동체의 이상을 향해 나아가는 나라로 남게 된 것이다.

이상에서 간단하게 살펴본 것처럼, 우리의 근현대사를 "자주적 근대화" 과정으로 이해할 때, 우리는 그동안 친일여부 혹은 좌파여부 등과 같은 이분법적 구별과 자의적(恣意的)인 편가르기로 인해 소홀히 취급되었던 여러 개인들과 단체들의 이모저모들을 진지하게 다시 보고 평가할 수 있을 것이다. 예컨대, 일제 후반기에 육당 최남선이 했던 친일행동으로 그를 오로지 친일분자로만 분류하여 방치할 경우, 그 이전에 그가 보여주었던 민족주의 지식인으로서의 활동들이 사장될 수 밖에 없다. 또한 낭산 김준연이 일제치하에서 조선공산당 위원장이었다는 사실 때문에 그가 신간회운동에 참여하고 동아일보의 일장기 말살사건의 주역이었던 사실이 제대로 평가받지 못한다면, 우리의 근현대사는 자칫 조선총독부의 수탈말살정책과 이에 대해 부화뇌동했던 친일동화론자들이나 존재했던 초라하고 천박한 몰골로 전락될 수밖에 없을 것이다.

3. 일제치하 안재홍의 비타협적 민족운동

1914년 여름 일본 유학을 마치고 귀국한 청년 안재홍은 의욕에 차있었다. 바로 전 해에 중국 상해, 북경, 항주 등지를 여행하다가 자신은 국내에 들어가 독립을 위해 힘쓰겠다고 결심한 터였다. 그는 우선 육당 최남선이 운영하

던 신문관(新文館)이란 출판사에서 일하고자 했지만, 경영난으로 여의치 못
했다. 다음해 1915년부터는 중앙학교 학감(學監)으로 재직하다가 학생들에
게 독립사상을 고취한다하여 강제로 퇴직당했다. 그래서 그는 1917년부터
서울YMCA의 교육부 간사로 일하기 시작했고, 그러면서도 민족종교 대종교
(大倧敎)의 신도가 되어 일제탄압에 맞서 민족을 지키고자 했다. 이렇게 뜻
을 돋우며 지내던 중 그는 3·1독립만세운동을 맞았고 곧이어 청년외교단
사건에 연루되어 대구감옥에서 3년의 옥고를 치렀다. 여기서 석방된 안재홍
은 잠시 최남선이 사장으로 있던 시대일보(時代日報)의 논설기자로 일하다
가, 1924년 9월부터는 조선일보(朝鮮日報)의 주필 겸 이사로 입사했다.

안재홍은 조선일보의 논설위원, 부사장, 사장 등을 차례로 역임하면서 각
종 문화사업에 관여했다. 논설, 사설, 시평을 합하여 총 900여 편을 썼고 제국
주의 일본과 조선총독부의 처사에 대한 예리한 비판의 글을 쓸 때마다 그는
옥고를 치러야 했다. 또 전조선기자대회, 신간회 등에 깊이 관여했으며 1926
년에는 동양척식회사를 폭파하려던 나석주의 유언장과 같은 글을 조선일보
에 게재했다가 신문은 정간당하고 안재홍 등 간부들은 경찰에 소환당하여
심문을 받았다. 이 때 경찰에 전혀 협조적이지 않던 안재홍에 대해 종로서장
은 "안재홍이는 범 같은 녀석이다, 놈이 있는 이상 나는 서장노릇 못해먹겠
다"고 화를 내기도 했다. 그는 1927년에 조직된 신간회의 총무담당 간사로
참여했고, 1929년에는 신간회 차원에서 광주학생운동 진상보고대회를 기도
했다. 이즈음 조선일보는 생활개선운동을 주도하면서 색의단발운동, 건강증
진운동, 소비절약운동, 허례폐지운동 등을 벌였으며, 농촌계몽과 한글보급운
동도 함께 벌였다. 또 1931년에 사장이던 안재홍은 당시의 주요지도자들 60
여 명과 함께 만주동포조난문제협의회를 결성하고 이 조직의 상무를 맡아
현지조사와 구호금 모금활동을 벌였다. 이로 인해 그는 영업국장 이승복과

함께 구속당했다.[18]

　안재홍은 1930년대에 들어서면서 일제의 민족말살정책이 노골화되자 이
에 대응하는 그의 활동도 심화시켰다. 그는 구속되었다가 풀려나면 향리인
평택 두릉리에 머물면서 한국사와 한국문화 관련 저술에 전념했다. 그리고
그는 마침 태동했던 조선학운동을 주시하면서 "조선학"의 연구방법과 방향
을 제시했다. 동시에 그는 우리의 전통 사상과 철학을 섭렵하고 체계화하는
일에 착념하며 관련 분야의 저술에 매진했다.

　안재홍은 먼저 1930년 1월부터 조선일보에 "조선상고사관견"을 연재하기
시작했다. 이는 후에 출판된『조선상고사감』상·하권과『조선통사』의 기초
가 되었던 연구로서 단군 이래 조선민족의 역사적, 문화적 특수성과 강인한
생활력, 그리고 대외투쟁사를 주요내용으로 하고 있다. 또 그는 존경하던 단
재 신채호가 중국 여순감옥에서 쓴 한국사관련 원고를 1931년 4월부터 조선
일보에 연재하도록 주선했다. 그는 틈틈이 주변 친구들과 백두산과 구월산
등에 오르면서 "백두산등척기"와 "구월산등람기"를 써서, 각각 조선일보와 동
아일보에 연재했다.

　안재홍은 1935년 조선일보의 현직에서 물러난 이후에는 객원(客員)으로
글을 쓰기 시작했는데, 이 시기의 글로는 "민세필담 – 민중심화과정," "민세필
담 속", "문화건설 사의," "사회와 자연성," "기대되는 조선," "국제연대성에서
본 문화특수과정론" 등이 대표적이다.[19] 이러한 글들과 당시 간간이 썼던
논설들에 나타난 그의 견해들 중 중요하다고 여겨지는 몇 가지만 예를 들어
소개하면 다음과 같다.

　첫째, 민세는 조선의 과거 정치사 및 당시의 정치적 현실을 비판적으로

18) 정윤재, 앞의 책, 2002, 51~52쪽.
19) 같은 책, 64~65쪽.

검토했다. 그는 조선민족이 성격적으로 결함과 흠집이 없지 않은 민족이지만, "총명(聰明)하고 강유(剛柔)를 겸한 인민"이어서 "만일 정치가 그 마땅함을 얻으면 장래 반드시 유위발전(有爲發展)의 날이 있을 것"이라 했다.[20] 그는 과거 고구려가 한족(漢族)에게 결국은 패배하여 대통일의 거대한 의도가 좌절된 것과 국제교류가 왕성했던 신라와 고려를 지나 조선시대에 존명자안(尊明自安)을 떨쳐버리지 못해 국제적 경쟁력(競爭力)이 약화되고 백전항쟁의 기백(氣魄)이 소실된 것을 비판적으로 평가했다, 또 그는 고려 인종시대에 등장했던 묘청(妙淸)이나 정지상(鄭知常) 등의 독립자존(獨立自存)세력이 신라통일 이후 등장했던 김부식 등의 존화자굴(尊華自屈) 세력 사이의 일대 격돌이 불행하게도 후자의 정치적 승리로 끝난 것은 "조선역사 일천년래(一千年來)의 최대사건"이라고 규정했던 단재 신채호를 각별하게 재언급했다.[21] 그것이 정치사적으로 큰 불행이었다는 평가였다. 그리고 그는 당시 식민지조선에는 조선민족을 후진낙오(後進落伍)의 침윤(浸潤)에서 이끌어내고 온갖 곡절과 수난을 감당할 것을 결심하고 "시국광구(時局匡救)의 사명을 다하기 위해 과감하게" 나서는 지도자들이 부재함을 지적했다.[22]

둘째, 좌파(左派)국제주의와 세계일가(世界一家)사상을 비판하고 당시 식민지조선과 같은 후진민족들이 추구해야 할 노선으로 "국제적 민족주의"를 제시했다. 1925년 조선공산당이 결성된 이후 국내에는 소련이 주도하는 국제공산주의운동이 유행하면서, 국내의 각종 민족문화운동들을 매도했는데, 민세는 이를 정면으로 반박했다. 그는 아직 후진상태에 있는 민족들에서는 민

[20] 정윤재, 「1930년대 안재홍의 문화건설론 연구」, 한국학중앙연구원 편, 『민세 안재홍 심층연구』, 봉명, 2005, 33쪽.
[21] 같은 글, 34쪽.
[22] 같은 글, 30쪽.

족주의적 이니셔티브가 "얼마든지 진보개혁적"[23]이며, 설령 머지않은 장래에 민족과 국가 사이의 경계가 철폐되는 때가 온다 할지라도, 우리는 "세계의 일 민족으로서의 문화적 순화향상(純化向上)의 길을 강맹(强猛)하게 걸어가고 있어야 한다"[24]고 강조했다. 또한 민세는 웰즈(H. G. Wells)의 소설『미래의 형상』을 예로 들며 당시 서구사회에서는 세계일가사상이 인류사회의 미래를 낙관하고 있었음을 당연히 알고 있었다. 또 그는 그러한 흐름이 조선과 같이 "국민적으로 역경에 빠진 민족"이 그 역경으로부터 해방되는 계기를 줄 수도 있을 것이라 생각하기도 했다. 그러나 민세는 첫째, 객관적으로 세계일가시대가 우리의 "입에 맞는 떡"으로 등장할 리 없고, 둘째, 아무리 후진민족일지라도 스스로의 각고의 노력을 실천하지 않고 세계일가시대의 도래를 그저 기다린다는 것은 "일종의 거지심리"에 불과하기 때문에 세계일가사상에 기대는 것은 결코 바람직스럽지 않다고 단언했다.[25]

그는 20세기 인류문화의 현 단계가 "각 민족(民族)이 세계적(世界的) 대동(大同)의 방향(方向)으로 나아가는 것"과 각 민족도 "각자의 민족문화(民族文化)로서 순화(純化), 심화(深化)하려는 의욕(意欲)"에 따라 이에 최선을 다하고 있는 상황으로 요약했다. 그리고 그는 이 단계에서 세계의 각 국민들이 취해야 할 "가장 온건 타당한 태도"는 "민족으로 세계에, 세계로 민족에 교호(交互)되고 조합(調合)되는 민족적 국제주의(民族的 國際主義) -국제적 민족주의(國際的 民族主義)"의 원칙에 따르는 것이라고 주장했다.[26]

셋째, 조선인들이 무기력하고, 관념적이며, 조직적인 협동능력이 부족한

23) 같은 글, 38쪽.
24) 같은 글, 40쪽.
25) 같은 글, 36~37쪽.
26) 같은 글, 40쪽.

병폐(病廢)가 있지만 이것은 영영 벗어나지 못할 숙명(宿命)이 아니고 "역사적 산물(歷史的 産物)"이기 때문에 앞으로 시운개척(時運開拓)의 뜻을 가지고 부단히 노력하면 점차 개선(改善)될 수 있는 것으로 진단했다.[27] 그러나 그렇다고 일제가 강압적으로 이를 교정하거나 동화정책을 추구하는 것은 사리에 맞지 않음을 분명하게 지적했다. 그는 무릇 인류역사에서 흥망성쇠(興亡盛衰)는 환경(環境)과 역사(歷史)로 빚어지는 "생동(生動)하는 인과율(因果律)"에 의하여 귀결되는 것이고 특히 "문화적 공작(文化的 工作)"에서는 군사작전에서와 달리 급진적이고 인위적인 조치는 절제되어 마땅하다고 주장했다. 그래서 그는 일제의 독단적이고 강제적인 문화정책은 결코 성공할 수 없다고 단정하면서 일찍이 알렉산더 대왕이나 시이저, 그리고 나폴레옹의 경우가 그러한 사례들이라고 지적했다.[28]

그리고 민세는 민족이란 "역사적으로 또 문화적으로 동일한 정신적(精神的) 존재(存在)인 것을 상호에 의식하는 사람들의 총체(總體)"라고 정의하고 민족과 민족의 관계는 강압적 단속이나 억지로서가 아니라 "공동(共同)한 이해관계(利害關係)에 의한 이지상(理智上)의 유대(紐帶)에 의해서만 일정한 지속을 하는 것"이라고 규정했다.[29]

이러한 전제에서 민세는 일제당국이 "원주민족의 습관제도를 존중"하는 것이 현명하다고 주문했고, 영국이 캐나다 퀘벡의 주민들이 쓰는 언어와 습속을 존중함으로써 대영제국의 번영을 이룩했음을 예로 들었다. 이 같은 맥락에서, 민세는 일제가 한민족의 고유문화를 지키고 계승하면서 생활하고 활동하게 하는 것이 바람직하다고 설명하면서, 마침 조선인들 사이에 일고

---

27) 같은 글, 47~48쪽.
28) 같은 글, 49쪽.
29) 같은 글, 50쪽.

있던 우리 역사와 문화에 대한 높은 향학열(向學熱)은 일찍이 경술국치기와
기미독립운동기에도 있었던 그것과 함께 어둠을 헤쳐 나아가고자 했던 우리
민족의 "문화건설(文化建設)의 도정(途程)"에서 매우 반갑고 의미 있는 일이
라고 평가했다.[30]

4. "조선학"의 방법과 "조선정치철학"

앞 절에서 간단하게 살핀 바와 같이, 민세는 전략적 민족운동으로서 "문화
건설"의 논리와 방향을 제시하고 이를 실천했다. 그리고 1930년대 중반 이후
부터는 조선학에 대한 깊은 관심을 표명하면서 주로 한민족의 고대사와 고
대문화, 철학 등과 같은 무거운 주제들에 대한 탐구와 집필에 집중했다. 이때
민세는 조선에 대한 연구는 첫째, "원형"의 제시, 둘째, "개념"의 형성, 셋째,
"구체적인 내용의 정립," 그리고 넷째, "민족운동사"로서의 자리매김 등 4가지
점을 고려하며 추진하는 것이 필요하다고 제안했다.[31] 그리고 그는 이미
1931년 조선일보에 쓴 한 사설을 통해, 조선인이 "국제적(國際的) 일민족(一
民族)"으로서 살아갈 수 있기 위해서 조선연구는 조선인이 살아온 "과거의
자취"와 "현대조선의 각 방면"에 집중해야 한다고 주장했었다.[32] 그리고 민
세는 이러한 생각들을 바탕으로 1934년 9월 8일 정약용 서세(逝世) 99주년
기념강연회를 계기로 조선학의 개념과 연구방법을 처음으로 제시했다.[33]

30) 같은 글, 51쪽.
31) 김인식, 「1930년대 안재홍의 '조선학'론」, 민세안재홍선생기념사업회 편, 『1930년대
    조선학운동 심층연구』, 선인, 2015, 143~144쪽.
32) 안재홍, 「조선연구의 충동: 종횡으로 뒤지는 신구조선」, 『조선일보』, 1931년 6월 13일
    자 사설, 『선집 5』, 139~141쪽.

당시 조선학의 새로운 기운을 감지했던 동아일보 신남철 기자는 조선학이 무엇인지를 당대의 권위자들인 백남운, 안재홍, 그리고 현상윤 등 3인을 각각 방문하고 질문했는데, 이 때 민세는 상기와 같은 조선연구를 다시 언급하고 조선학의 개념과 방법에 대해 다음과 같이 대답했다. 조선학에는 "광의(廣義)의 조선학"으로 "온갖 각 방면으로 조선을 탐구하는 것"이 있고, "협의(俠義)의 그것"으로 "조선의 고유한 것, 조선문화의 특색, 조선의 독자한 전통을 규명하야 학문적으로 체계화하야 보자"는 "본래(本來)의 의미의 조선학"이 있다고 정리했다. 그리고 그는 곧장 조선학을 공부하는 방법혹은목적으로서 "선인(先人)의 것을 조술확충(祖述擴充)하야" "조선의 문물의 연구에 있어 독특(獨特)한 요소를 삽입하도록 하는 것"이요 그리하여 "세계문화(世界文化)에 조선색(朝鮮色)을 짜 넣는 것이 우리에게 부여된 임무"라고 주장했다.[34] 그리고 민세는 동양의 유교적 전통 속에서 일상화되었던 "술이부작(述而不作)"의 취지를 살리면서도 그 내용을 보다 구체화시키는 "조술확충(祖述擴充)"을 내세웠는데, 이는 조선 "고유독자(固有獨自)"의 영역을 상정(想定)하는 논리에 기반을 두고 선인(先人)의 설(說)한 바를 근본(根本)으로 삼아 자세하게 서술하고 밝힌 뒤 이를 창의적으로 더 넓혀서 충실하게 한다는 것이었다.[35]

그리고 민세는 조선후기의 실학(實學)을 조선학으로 간주하면서 실학은 일찍이 "조선아(朝鮮我)에 눈뜨고 민중적 자위(自衛)를 기획하는 기풍(氣風)"을 품었던 학문으로서 조선학의 광의와 협의를 다 포함하고 있던 것으로 이해했다. 즉, 민세는 실학이 "민족(民族)과 민중(民衆)의 시좌(視座)에서" 민족

---

33) 김인식, 앞의 글, 148쪽.
34) 같은 글, 148쪽.
35) 같은 글, 151쪽.

의 과거와 현재 모두를 포함한 현실을 학문대상으로 삼으면서 그 속의 문제 해결에 마음을 두고 그 실천을 위해 애썼던 사실에 각별히 주목했다. 그랬기 때문에, 민세는 다산 정약용을 조술확충(祖述擴充)하는 자세로 조선사와 조선문화 연구에 매진했던 것이다.[36]

그러나 안재홍은 1936년 소위 군관학교학생사건으로 제6차 옥고를 당했다. 그리고 중일전쟁(中日戰爭)이 발발했던 1937년에 보석(保釋)으로 풀려나와 고향인 평택 두릉리(杜陵理)에 칩거하기 시작했는데, 그는 이 때부터『조선상고사감』의 집필을 시작했다. 그리고 그가 조선학을 새로이 의식했었던지 아니면 이미 그렇게 생각하고 연구해오고 있었던지 이『조선상고사감』에는 "기자조선고" "부여조선고" "부루신도" "불함문화론" "조선상대지리문화고" 등이 포함되어 있었다.[37]

그런 한편, 민세는 스스로 한민족이 고대로부터 전승해오는 고유의 사상과 철학을 "조선철학" 혹은 "조선정치철학"으로 체계화하는 작업을 계속하고 있었는데, 그것은 "불함문화론"(1938년), "불함문화대전"(1940년), "삼일신고주"(1944년) 등의 집필로 이어졌다. 마침내 해방되던 1945년 9월에 출간했던『신민족주의와 신민주주의』란 소책자에 "조선정치철학"이란 이름으로 종합 정리하여 공식으로 소개했다. 이것은 민세 스스로 정의했던 조선학을 실천한 대표적인 사례로, 그는 조선인들이 고대 이래 지녀온 철리(哲理)들 – 예컨대, 도(道)와 비·씨·몬의 철리, 그리고 수(數)의 철리 등 – 을 "조선정치철학"으로 "조술확충(祖述擴充)"하고 이를 활용하여 해방정국의 혼란을 극복하고 통일된 민족국가를 건설하는 정치적 처방을 구하고자 했던 것이다.[38]

----

36) 같은 글, 143쪽.
37) 정윤재, 앞의 책, 2002, 69쪽.
38) 김인식, 앞의 글, 151~152쪽.

민세는 1942년 12월 조선어학회사건으로 제9차 옥고를 당했는데 이듬해인 43년 3월에, 불기소 처분으로 석방되었다. 이후 그는 악화된 건강을 회복하기 위해 요양하며 지내고 있었다. 그런데 이즈음 2차 대전에서 패색(敗色)을 느낀 조선총독부의 고위관리들은 '치안유지'와 '유혈방지'를 목적으로 그에게 접근했다. 그래서 민세는 먼저 송진우를 만나 상의하고 함께 대처하고자 했다. 그러나 당시 송진우는 1940년에 폐간당한 동아일보의 대표청산인으로 관련 업무를 관리하면서 사실상 은둔하고 있었기 때문에[39] 민세의 시도는 여의치 못했다. 결국 민세는 일본패전 이후에 대한 사전대비에 적극적이었던 여운형과 상의하며 예상되는 급변상황에 대처하고자 했다. 그리고 짐작컨대, 이러한 과정에서 민세는 언제나 "조선정치철학"을 마음에 담고 있었고, 해방정국에서는 "신민족주의와 신민주주의"를 앞세우고 실천하여 통일된 조국에 "다사리국가"의 건설을 꿈꾸고 있었음에 틀림없다. 그렇다면 "조선정치철학"의 내용은 무엇인가? 필자는 이미 그 내용을 자세히 분석하여 소개한 적이 있는 바,[40] 여기서는 그것을 우주철학(宇宙哲學), 정치철학(政治哲學), 그리고 역사철학(歷史哲學)으로 나누어 약술하기로 한다.

첫째, "비.씨.몬"의 철학과 "하나" "둘" "셋"에 대한 철학적 해석으로 만물생성의 원리를 밝히는 우주철학을 제시했다. 우주의 삼라만상은 모두 "비" 즉, 허공(虛空) 혹은 본무(本無)에서 비롯되었다. 그리고 다시 삼라만상 중 생물(生物)은 "씨"를, 무생물(無生物)은 "몬"을 시발(始發)로 생성되었다. 그리고 이같이 우주만물이 생성되고 운행되는 속에는, "하나" 즉, "한얼"(一大靈)이

---

39) 김학준, 앞의 책, 262~267쪽.

40) 정윤재, 『다사리국가론 -민세 안재홍의 사상과 행동 연구』, 서울: 백산서당, 1999, 제1장 「조선정치철학의 이해」, 13~44쪽; 정윤재, 「민세 안재홍의 다사리이념 분석」, 한국동양정치사상사학회 『동양정치사상사』 제11권 2호, 2012년 9월, 91~122쪽.

"한울"에 두루 작용하고 있어 온전한 질서를 이루고 있으며, 그 "한얼"이 "둘" 즉 "들(野)"에 "다허(際)", "땅"이라는 지구(地球)에 "들어"(入) 있는 것이다. 이 같은 "하늘"과 "땅"의 조화로 만들어진 공간에 "셋" 즉 의식(意識)있는 사람이 만물 중에 으뜸가는 "씨앗"으로 존재하는 바, 이렇게 우리의 숫자헤임말이 "하나(一天)"에서 시작하여 "둘(二地)"을 거쳐 "셋(三種)"으로 이어지는 것은, 천지조화로 생성된 우주만물은 비로소 이 사람이 존재하게 됨으로써 그 존재의 의의(意義)를 가지게 됨을 이른다. 이것은 우주만물의 생상과 운행의 근본적인 취지가 "사람"에게 있음을 뜻하는 것이고, 그만큼 우리 선인들은 무엇보다 "사람"을 귀하게 여기는 인본주의적(人本主義的) 지향을 가지고 있었음을 보여주는 것이다. 또한 이것은 하늘과 땅과 사람이 만물생성의 "밑둥", 즉 기본요소라는 천지인삼재론(天地人三才論)을 시사하는 것이기도 하다.[41]

둘째, 다음으로 민세는 "넷"과 "다섯"으로써 나-나라-누리의 자유사상과 다사리국가론으로 요약되는 정치철학을 제시했다. "사람"들이 함께 모여 사는 인간 세상에는 "나"와 "나라"와 "누리"의 세 차원이 "낳아"(생성하여) 함께 존재하는 바, 그 중 "나"는 삶의 핵심(核心)이자 주체(主體)이다. 즉, "나", 즉 개인의 자유와 행복이 민족이나 국가적 삶이 영위되는 기본전제이며, 같은 논리로 "나"들의 자발적인 집합체인 "나라"의 자유와 독립이 "누리", 즉 세계와 국제관계 형성의 기본전제이다. 이것이 전체주의적 독재와 제국주의가 배격되는 자명한 이유다. "나라"는 "나"의 의사와 이념을 "날"(經)로 삼아 번영

---

[41] 이러한 민세의 우주철학은 훗날 해방정국에서 좌파의 경제적 유물사관과 소련을 흉내내는 계급혁명론을 거부하고, 한 국가나 민족의 운명은 경제적 요인 외에, 첫째, "풍토 자연"과 같은 지리적 환경 요인들, 둘째, 전 역사를 통해 "객관적으로" 작용하는 "국제적 제약," 셋째, 이상 2가지 요인과 더불어 오랜 동안 훈습된 "사회인습인인 제조건"과 같은 문화, 철학, 사상적인 요인 등에 의해 조건 지워진다는 "종합적 유물사관"을 제시했는데, 다음에 이어지는 역사철학은 이러한 우주철학을 바탕으로 하는 "종합적 유물사관"의 연속인 것이다.; 정윤재, 앞의 책, 1999, 60~62쪽 참조.

하고 발전하는 것이며, 이 때 개인은 참으로 자유로운 가운데 국가의 법을 복종하며 "나"와 "나라"는 "자동적인 합일(合一)"을 이루는 것이다.

이 같은 정치공동체가 바람직한 것인 바, 이것을 가능케 하는 인간세계의 정치이념이 곧 "다사리"이며, 그것은 사람들을 "다 사리어"(다 말씀하게 하여) "다 살게 하는" 것이다. 즉, 정치과정에서 개인들로 하여금 각자의 의사를 자유롭고 충분하게 표명(表明)하게 하는 방법(方法)을 취하고 실행하여 그들로 하여금 궁극적으로 다함께 공존공생(共存共生)하게 하는 것을 목표(目標)로 삼는 정치이념이다. 이러한 다사리 이념은 우리의 이상국가론이지만, 역사적으로 그 참여와 복지혜택의 범위가 일부계층으로 제한된 형태로 실천되었을 뿐이다. 그러나 대한민국이 건국되면 의회제도(議會制度)를 도입하고 활용해서 그 참여와 혜택의 범위가 민중적으로 확대되어 "다사리"이념이 보다 온전한 형태로 구현되도록 해야 한다,

셋째, "여섯" "일곱" "여덟" "아홉" "열" "온" "즈믄" "곬" "잘"에 대한 해석으로 지속사위론, 개합회통론, 그리고 무한개전론으로 이어지는 역사철학을 제시했다. 상술한 바와 같이 우주생성의 원리가 "비·씨·몬"으로, 세계와 인간사회의 다스림이 "다사리" 이념으로 정리되었는 바, 민세는 이제 그것이 역사적으로 전개되는 원리를 제시한 것이다. 즉, 개인이나 국가에서 나름대로의 형편과 선택에 따라 "다사리"이념이 정립된 다음에는, 그것이 반드시 "여섯(六持續)"의 원리에 따라 "아어지고" 반복되며 실천(實踐)되어야만 "일곱(七事爲)"에서 마침내 "하나의 굽"을 이루고 성취(成就)할 수 있는 것이다. 그 다음에는 "여덟(八開闔)"로 장점은 취하고 단점은 지양하는 변증법적(辨證法的) 자기수정(自己修正)을 거쳐 "아홉(九綜合)"에서 "어울리지며" 종합되는 것이다. 그런 후에 "열(十開展)"에서 앞으로 "열고" 나아가는 것인 바, 그것은 아무 목적이나 방향이 없는 내달음이 아니고 "온(百全)"과 "즈믄(千眞)"과 "곬(萬

美)"과 "쟐(億大善)"의 이상적이고 보편적인 가치들의 구현을 비전으로 하는 인류역사의 참다운 전진과정이다.

5. 새로 얻어진 생각들

이상에서 필자는 우리의 근현대사를 "자주적 근대화"의 전개과정으로 간주하고 민세 안재홍의 비타협적 민족운동과 그의 "조선학"론 및 "조선정치철학"을 재검토하였다. 이를 통해 얻어진 새로운 생각들을 정리하면 다음과 같다.

첫째, 서구의 근대사로 볼 때, 근대화란 정치적 자주와 독립, 산업화, 그리고 민주공화주의와 같은 보편가치들의 실천과정으로 규정할 수 있다. 그리고 우리의 근현대사를 이 같은 근대적 가치들에 입각한 주체적인 자기변화 과정으로 바라볼 때, 우리는 자연스럽게 각계각층의 여러 개인들이 위기에 처한 민족공동체의 일원으로서 각자 어떠한 방식으로 대처하며 살았는지를 더 자세히 살피게 된다. 그리고 이러한 접근에 의한 연구가 꾸준히 수행되고 축적될 경우, 친일여부나 좌익여부부터 따지는 고식적인 이분법과 그에 따른 비생산적 분열을 극복하고 통합적인 근현대사 정립의 계기가 마련될 수 있을 것이다.

둘째, 민세의 경우가 그러했듯, 나라의 주권과 정치적 독립을 상실한 상태에서의 민족문화운동은 그대로 문화투쟁이었고 또 다른 형태의 정치였다. 그것은 독립된 자주국가에서의 여유로운 문화활동이나 학술활동은 결코 아니었다. 그것은 압도적인 조선총독부의 한민족 역사와 문화에 대한 악의적인 왜곡(歪曲)과 좌파국제주의의 민족부정(民族否定)에 대한 용기있는 비판이자 저항이었다. 그리고 이러한 흐름은 각종 교육계몽운동, 신간회와 같은 민족유일당운동, 그리고 우리말큰사전 편찬운동 등으로 이어졌다. 따라서 이제는 일제치하를 겪는 동안 문화, 학술, 예술, 문학, 대중가요 등 각 분야의 활동들에 관여했던 여러 인물들의 다양했던 삶들이 문화투쟁의 여러 부분들로 다시 검토되고 평가되어야 할 것이다.

셋째, 민세도 민족의 병폐를 드러내어 지적했으나 그것은 타협론자들이나 동화론자들의 그것과는 질적으로 다른 것이었다.[42] 그는 그러한 병폐들이 결코 벗어날 수 없는 "숙명"이 아니고 민족의 역사와 문화에 대한 확신을 가지고 독립을 추구해가는 과정에서 얼마든지 교정될 수 있는 문제점으로 인식했다. 안재홍은 안창호나 박은식, 그리고 조소앙과 같이 민족내부에 미래를 개척하는 "빛"이 있다고 믿었던 민족지성이었다. 이와 달리 이광수나 윤치호는 그 빛이 서양이나 일본과 같은 민족 외부에 있다고 생각했던 지식인들이었다. 전자가 정치적 자주와 독립이라는 근대적 가치에 입각해서 일제를 비판하고 저항했다면, 후자는 정치적 독립을 사실상 포기한 상태에서 일제에 순응하고 의존했다. 이러한 맥락에서, 우리의 근현대사 교과서는 전자를 뼈대삼아 역사적 주류로 소개하고 후자는 간단하게 비판적으로 언급한다는 기준에서 얼마든지 통합적으로 기술될 수 있을 것이다.

넷째, 민세의 "조선정치철학"은 그가 생각했던 조선학의 방법과 목적에 합당한 사례였으며, "우리말로 철학하기"의 귀중한 선례였다. 즉, 그는 우리 선인들의 철학과 생활이념을 "조술확충(祖述擴充)"하여 그것을 "조선정치철학"으로 체계화했으며, 이를 바탕으로 "신민족주의와 신민주주의"를 해방정국에 대한 정치적 처방으로 제시했다. 그리고 그의 "조선정치철학"은 한글로

42) 정윤재, 앞의 책, 2002, 54쪽.

동서양의 철학을 담아내기 위한 독자적인 지적탐구의 결과였다. 특히 우리의 숫자혜임말들이 단순한 나열이 아니라 우주철학, 정치철학, 그리고 역사철학을 포함한 하나의 짜임새 있는 철학체계임을 보여주었다. 이것의 학문적 완성도에 대해서는 계속 논의될 수 있겠지만, 안재홍의 이러한 지적 작업은 일제의 민족말살정책에 대한 치열한 문화투쟁의 하나였다는 점, 그리고 한글의 창의적 유용성을 보여줄 수 있는 또 하나의 프로젝트였다는 점이 고려되면서 재평가될 수 있을 것이다.

다섯째, 민세는, "조선정치철학"을 통해 각각의 개인들 즉 여러 "나"들이 자유롭고 행복하게 살 수 있는 "나라"를 건설하기 위해 안으로 "걸리고" 바깥과 "겨룬다"는 "겨레"의 공동체의식에 따라 행동하는 근대적 한국인상을 제시했다. 그는 개인들을 핵심으로 하고 그러한 개인들의 자발적인 활동으로 새로운 국가와 세계가 만들어질 수 있고 또 마땅히 그래야 전체주의적 독재나 제국주의의 속박을 받지 않는 "다사리" 공동체가 성취된다고 생각하고 행동했다. 이러한 민세의 삶은 우리의 근현대사가 비록 힘들고 고통스러웠지만 민주공화주의와 민족주의라는 근대적 가치들에 입각하여 정치적 자주독립을 추구하는 가운데 지속되어 왔음을 보여주는 대표적 사례라 할 수 있다.

이상의 소론을 통해 시도된 우리 근현대사에 대한 새로운 접근은, 아직도 혼란스러운 근현대사를 민족쇠망기와 망국이후에 민주공화주의적 개명을 바탕으로 민족사에 대한 건강한 자긍심과 정치적 자주독립에의 희망을 포기하지 않고 저항하거나 참고 기다렸던 무수한 개인(個人)들의 다양한 삶들로 채워 통합적으로 기술할 수 있게 할 것이다. 즉, 우리의 근현대사는 민주공화주의적으로 개명된 많은 개인들이 정치적 차원의 자주독립뿐 아니라 문화적, 경제적 분야에서의 보존과 자위, 그리고 축적을 위해 분투노력했던 과정으로 기술할 수 있는 것이다. 따라서 이러한 새로운 작업에는 본 소론에서는 미처 다루지 못한 산업화와 관련된 제측면들 - 예컨대, 일제에 의한 각종 수탈, 상공업 분야에서의 변화들, 사회경제적 차별과 탄압, 병참기지화정책, 그리고 이 같은 변화와 억압에 대한 비판과 저항 등 - 에 대한 실증적인 연구가 반드시 포함되어야 할 것이다.

참고문헌

강영심, 『시대를 앞서간 민족혁명의 선각자 신규식』, 역사사랑, 2010.

김인식, 「1930년대 안재홍의 '조선학'론」, 민세안재홍선생기념사업회 편, 『1930년대 조선학운동 심층연구』, 선인, 2015.

김학동, 『홍사용평전』, 새문사, 2016.

김학준, 『고하송진우평전:민족민주주의 언론인정치가의 생애』, 동아일보사, 1990.

박은식 지음, 김도형 옮김, 『한국독립운동지혈사』, 소명출판, 2008.

박 환, 『민족의 영웅시대의 빛 안중근』, 선인, 2013.

신용하, 「안창호의 애국계몽사상과 신민회 창립」, 『한말 애국계몽운동의 사회사』, 나남출판, 2004.

이덕일, 『아나키스트 이회영과 젊은 그들』, 웅진닷컴, 2001.

이동수, 「개화와 민주공화주의」, 『정신문화연구』 봄호 제30권 제1호, 2007.

이상화, 『빼앗긴 들에도 봄은 오는가』, 시인생각, 2013.

이정식, 『시대와 사상을 초월한 융화주의자 몽양 여운형』, 서울대학교 출판부, 2008.

이한우, 『이승민 90년 하』, 조선일보사, 1996.

정윤재, 『다사리국가론 -민세 안재홍의 사상과 행동 연구』, 백산서당, 1999.

_____, 『다사리공동체를 향하여: 민세 안재홍 평전』, 한울, 2002.

_____, 「일제하 한국 지식인들의 저항과 식민지 근대화론」, 정윤재 외. 『식민지 근대화론의 이해와 비판』, 백산서당, 2004.

_____, 「1930년대 안재홍의 문화건설론 연구」, 한국학중앙연구원 편, 『민세 안재홍 심층연구』, 봉명, 2005.

_____, 「민세 안재홍의 다사리이념 분석」, 『동양정치사상사』 제11권 2호, 한국동양정치사상사학회, 2012.

조선일보사, 『뭉치면 살고...:언론인 이승만의 글모음. 1898~1944』, 1995.

한상우, 『기억하고 싶은 선구자들』, 지식산업사, 2003.

한영우, 『간추린 한국사』, 일지사, 2011.

_____, 『미래를 여는 우리 근현대사』, 경세원, 2016.

이승복과 신간회운동*

김인식 (중앙대학교 다빈치교양대학 부교수)

1. 머리말

오늘날 한국사회는 '중도'를 재발견하려는 노력이 진지하다. 해방정국을 중도파의 시각에서 재조명하려는 노력[1]과 저술[2]이 무게 있게 등장하였으며, 진정한 의미의 중도가 무엇인지를 다시 캐묻는 질문도 시작하였다.[3] 이러한

---

* 이 글은 김인식, 「이승복과 신간회 창립기의 조직화 과정」, 『한국민족운동사연구』 58, 한국민족운동사학회, 2009; 김인식, 「이승복과 신간회 강령의 이념·노선」, 『한국민족운동사연구』 62, 2010을 수정·보완하여 작성하였음.

[1] 2003년 11월 27일 한국민족운동사학회가 주최하여 「해방정국 민족지도자의 역사적 성격에 대한 재조명」이란 주제로 학술심포지엄을 열었는데, 해방정국의 중도파를 부각시켜 조명하는 계기가 되었다. 이 날 발표된 논문들은 다음과 같다. 서중석, 「(기조발제) 해방정국의 중도파 정치세력을 어떻게 볼 것인가?」; 이준식, 「(제1주제) 김규식의 민족운동의 이념과 노선」; 김기승, 「(제2주제) 해방 후 조소앙의 국가건설운동」; 김인식, 「(제3주제) 해방 후 안재홍의 신국가건설운동」; 정병준, 「(제4주제) 여운형의 민족운동의 이념과 노선」. 이 논문들은 수정·보완되어 『한국민족운동사연구』 39, 한국민족운동사학회, 2004에 「특집 : 해방정국의 민족지도자의 역사적 성격」으로 실렸다.

[2] 윤민재, 『중도파의 민족주의운동과 분단국가』, 서울대학교 출판부, 2004.

[3] 이를테면 김진석, 『우충좌돌-중도의 재발견』, 개마고원, 2011을 들 수 있다.

성찰이 나름의 결실을 맺어 중도의 가치와 지향점이 한국사회의 한 축으로 자리 잡는다면, 한국사회를 통합으로 이끌어가는 견인차가 되리라 생각한다.

중도를 한 마디로 말하기 어렵지만, 적어도 우리가 중도를 이상가치로 논의할 때에는, 적대감이 아니라 공존(협동)하는 미덕에 바탕을 두어, 한국사회의 갈등을 해소하려는 통합의 정신을 전제해야 한다. '수꼴'·'좌빨' 등 사회의 통합성을 해치는 말들에는 적대감이 깊게 배어 있고, 애당초 타협과 공존을 가늠할 틈새조차 보이지 않는다. 오늘날 한국사회에서 이러한 적대감을 해체하고 진정한 중도를 추구하려면, 한국 근현대사 속에서 반성의 자료를 찾아야 할 터이고, 이의 출발점으로 의당 신간회운동과 이를 주도한 인물들을 중도의 원류로 주목한다.

1927년 2월 창립되어 1931년 5월 해체된 신간회는, 非妥協 民族主義者(左翼民族主義者)와 사회(공산)주의자들이 협동·결합한 민족협동전선체로서, 일제 식민지시기 민족독립을 최고 목표로 삼았던 국내 최대의 항일운동단체였다. 신간회는 비타협 민족주의자들이 창립하였고, 사회(공산)주의자들이 합류·참여함으로써 민족협동전선으로 발전하였다.[4]

민족분단을 극복하려는 動力을 민족 내부에서 찾고자 할 때, 정치이념의 지향점이 달랐던 민족주의와 사회(공산)주의 세력의 협동체로서 신간회가 결성·해체되는 역사는, 이것이 지닌 긍정성과 부정성의 양면을 다시 객관화시켜 평가해야 할 현재성을 지닌다. 북한까지 포함한 민족통합을 염두에 두며, 대한민국 내부의 사회통합을 지향하는 원형을 신간회운동에서 찾으려는 시도는 이러한 역사의식에서 출발한다. 이는 오늘날 요청되는 중도의 원형을 한국 근현대사에서 확인하려는 작업이기도 하다. 통합이란 공유·지향할 이

---

[4] 김인식, 「신간회의 창립과 민족단일당의 이론」, 『白山學報』 第78號, 白山學會, 2007.

념의 동질화를 전제하므로, 통합정신을 확립하는 노력과 함께, 이를 주도하
는 구심력을 확보하는 작업도 동반해야 하는데 신간회는 전례를 보여준다.5)

  일제 식민지시기와 해방정국에서 중도파(=중간파)의 범주는, 일제에 저항
하여 신간회운동을 주도하였고6) 해방 정국에서는 좌우합작운동을 추진하였
던 정치세력으로 설정할 수 있다. 이러한 시각에서 식민지시기를 포함하여
분단체제가 확정되기까지 한국 근현대사에서 중도파의 개념을 정의한다면,
"민족 정체성·주체성 안에서 사회주의 이념을 토착화하려던 세력"이었다고
규정하고자 한다. 이들의 이념·사상은 대체로 사회민주주의 성향으로 평가

5) 이상 머리말의 문제 제기는 김인식, 「신간회의 통합정신」, 사회통합위원회 편, 『우리
역사 속의 사회통합』, 사회통합위원회, 2012, 161~165쪽을 참조.
6) 신간회가 창립될 무렵, 또 사회(공산)주의자들이 신간회를 해체하려는 의도에 맞서
논전을 벌이던 시기에, 신간회 창립을 주도한 일부 논자들은 '의식적 중간세력'을 자
임하면서 타협주의 노선 및 공산주의자들의 계급주의 노선을 모두 비판하였다.
홍명희는 신간회를 발기하면서 신간회의 진로를 가리켜 "대톄 新幹會의 나갈 길은
民族運動만으로 보면 가장 왼편 길이나 社會主義運動까지 兼치어 생각하면 중간길
이 될 것이다."고 말하였다. 이는 그가 신간회의 민족운동 노선을 기회주의(타협주의)
그리고 사회주의와도 구별하여 중간노선으로 설정하였음을 말해준다. 洪命熹, 「新幹
會의 使命」, 『現代評論』 創刊號(第一卷 第一號), 現代評論社, 1927년 1월호, 63쪽.
안재홍은 자치운동 등 타협주의 경향과 함께 사회(공산)주의의 비합법주의 운동을
모두 비판하면서, "朝鮮의 현황은, 이 兩者의 사이를 正進하면서 意識的 中間勢力으
로 일정한 民衆的 訓練過程을 지나감을 요한다."고 말하였다. 「合法 非合法·新幹
紛議 所感」, 『朝鮮日報』 1931년 1월 24일자 社說), 安在鴻選集刊行委員會 編, 『民世安
在鴻選集』 1, 知識産業社, 1981, 382~384쪽. 안재홍은 신간회의 이념과 노선을 민족주
의 좌익전선으로 규정하면서 스스로 좌익민족주의를 자처하였다. 신간회가 해소될
무렵 안재홍은 자신이 제창한 좌익민족주의를 '中央的'·'中間的'·'中正的'이라고 표
현하였다. 김인식, 「植民地時期 安在鴻의 左翼民族主義運動論」, 『白山學報』 第43號,
白山學會, 1994, 181~185쪽. 홍명희가 사회(공산)주의자인가 민족주의자인가 하는 이
념성향은 논의의 여지가 있으나, 신간회가 해소될 무렵 '新幹會의 中心人物'인 그는
'左翼民族主義의 名稱'으로 불렸다. 明源鎬, 「新幹會紛糾側面觀」, 『新民』 第六十五號
(1931年 3月號), 12쪽. 좌익민족주의자들이 '의식적 중간세력'으로 결집한 뒤 신간회
가 민족협동전선으로 발전한 사실은, 진정한 중도세력이 먼저 결집해야만 민족협동
전선(또는 민족통합)이 출발할 수 있었음을 보여준다.

받지만, 더 구체화시켜 말하면, 韓民族의 정체성 · 주체성 안에서 사회주의
이념을 비판 · 수용하여 토착화하려던 성향을 가지고 있었다.[7] 이 논문은 이
상에서 제기한 문제의식을 가지고 신간회의 민족통합 정신을 염두에 두면서,
신간회를 창립한 '막후'의 주역으로서 민족통합을 실천한 이승복을 재조명해
보고자 한다.

平洲 李昇馥(1895. 7. 10~1978. 10. 31)은 13살 때인 1907년 9월 26일(음력
8월 19일) '坪村里의 禍'라 불리는 父祖의 참변을 겪은 뒤, 할아버지 修堂 李南
珪의 '피 묻은 토시'를 한평생 간직하면서 항일독립과 통일민족국가를 수립하
기 위하여 몸 바친 민족운동가였다.[8] 李重和는 이승복을 가리켜 "늘 後線에서
일만해 온 그 人格"[9]이라고 표현하였는데, 이는 이승복의 지인들 모두가 일관

----

7) 김인식, 앞의 논문, 2012, 166 · 168쪽.

8) 이승복의 父祖의 삶과 순국, 그리고 이승복으로 이어지는 3대의 항일정신은 세인들
의 귀감으로 많은 칭송을 받았다. 여기에 6 · 25전쟁 중 참전 · 전사한 이승복의 장자
長遠을 더하면 4대가 국가유공자로 서훈된 가족사를 보게 된다. 최근 2014년 6월
6일 KBS현충일특집다큐멘터리로 제작된 「백년의 유산」은 4대에 걸친 순국의 역사를
정리하여 일반인에게 알렸다. 이 4대의 중심에는 이승복이 있었다.

9) 平洲 李昇馥先生 望九頌壽紀念會, 『三千百日紅 - 平洲 李昇馥先生八旬記』, 人物硏究
所, 1974, 292쪽. 일선에 나서기를 꺼리고 後線에서 활동한 이승복의 성향으로 인해,
그의 민족운동은 전모를 밝힐 자료가 충분하지 않다. 이 때문에, 부조의 참변을 겪은
이후 어린 나이 때부터 일생을 민족운동에 挺身한 그의 생애와 사상을 깊이 연구하
기에는 한계가 따른다. 더 큰 난점은 기록을 남기지 않는 그의 習癖에서 말미암는다.
국권을 잃지 않은 시기에 그의 조부 修堂은 『修堂集』을 남길 수 있었으나, 국망한
현실에서 이승복은 자신이 적은 메모를 비롯해, 지인 · 동지들과 주고받은 문서들을
모두 태워버렸다. 이것들이 가져올 후환을 충분히 알고 있었기 때문이다. 김인식,
「이문원 중앙대 명예교수 면담」(2008년 2월 27일 이문원 교수의 이촌동 자택에서).
세세한 일까지 기록한 李克魯의 수첩이 조선어학회 사건에 연루된 인사들의 고초를
가중시켰음을 떠올린다면(물론 이 수첩이 아니었더라도 일제는 조선어학회 사건과
같은 시국사건을 날조하여 고문했겠지만) 충분히 수긍이 간다. 이극로의 지기인 李
仁은 그 수첩으로 인해 더 힘들게 겪었던 고초를 회상하며, "도대체 무엇 하러 手帖에
적는단 말인가. 나는 이 일로 한 열흘을 두고 닦달을 당하니 手帖이란 것은 지금도
지니지를 않는다."고 털어 놓았다. 李仁, 『半世紀의 證言』, 明知大學 出版部, 1974,

되게 증언하는 바였다. 그는 표면에서 활동하는 명망가였다기보다는, 자신을 앞세우지 않고 '막후'에서 지략을 펼치는 실천가였다. 그렇기에 민족운동가로서 그의 별명에는 '막후'와 '참모'·'諸葛亮'이라는 말이 늘 따라 붙었다.

이승복의 민족운동에서 돋보이는 바는 언론민족운동과 신간회운동이었다. 그의 별명에서 보듯이, 그가 언론계 '막후'의 '제갈량'으로 불리는 가장 큰 이유가, 재정난에 허덕이는 신문사에 자금을 융통하는 수완과 대인 교섭하는 능력의 탁월함 때문이었지만, 신간회를 창립·발족시키는 데서도 그의 이러한 능력은 유감없이 발휘되었다.

신간회는 1926년 말 碧初 洪命熹·民世 安在鴻·于蒼 申錫雨 등이 처음 발의하여, 1927년 1월 19일 발기하여 같은 해 2월 15일 창립하였다. 이렇게 출발하는 신간회의 배경·인맥을 더 넓혀 말하면, 正友會와 조선일보 두 계열의 민족운동자들이 주축을 이루었다. '眞純한 民族黨'으로서 신간회를 조직하는 일은, 정우회 계열의 일부 민족운동자들이 조선일보 계열의 비타협 민족주의에 합류하여 민족주의 좌익전선을 완성하려는 운동이었다. '民世·碧初系'[10]로도 표현되는 두 계열은 신간회의 정신·지향점을 정립하고 중앙조

129쪽. 위의 『三千百日紅』이 이승복의 생애·민족운동과 관련하여 유일한 자료 정리였다. 이 책은 이승복이 살았던 시대 상황을 서술하면서, 그의 회고와 지인들의 증언·訐說을 엮어 넣은 일대기로서 자료이자 평전의 성격을 띤 전기이다. 그러나 이승복이 구술한 바에 크게 의존하였으므로, 기억의 착오에서 비롯된 연대기의 오류 등 수정해야 할 부분이 적지 않다. 『三千百日紅』에 실린 이승복의 회고와 지인들의 증언을 전거로 활용할 때에는, 시대사와 비교하여 고증할 필요가 있다.

[10] 趙時元은 신간회운동에서 이승복의 구실이 컸다고 평가하면서, "獨立運動 과정에 있어서 單一民族의 統一戰線을 형성한 民世·碧初系의 그 업적은 결코 과소평가될 성질의 것이 아닙니다."고 지적하였다. 앞의 『三千百日紅』, 178쪽. 여기서 '民世·碧初系'라는 표현은 매우 중요하다. 이는 해외에서 국내의 민족운동을 지켜본 실천가로서, 신간회의 발기·창립을 비롯해 초기 조직화 운동을 추진한 인맥과 실체를 정확하게 짚은 평이라고 생각한다.

직을 완성하는 초기 조직화의 과정에서 뚜렷한 구실을 자담하였다. 여기서
이승복은 홍명희(정우회계)와 안재홍(조선일보계) 계열 사이의 이음매이자
신간회의 초기 조직화를 주도한 중심고리였다.

지금까지 학계의 통설은 일제 관헌 자료에 근거하여, 신간회를 발기·창립
한 세 주도자로 洪命熹·安在鴻·申錫雨를 들었지만,[11] 신간회를 발기·창
립하는 초기 조직화 과정에서 平洲 이승복의 활동과 공적은 누구보다도 컸
다. "新幹會를 만들 때에도 表面의 對外交涉은 于蒼이 많이 했지만, 其實 內
容에 있어서는 平洲先生의 獻策이 크게 作用"하였다는 김을한의 지적대로,[12]
신간회가 출범하는 이면에는 '막후의 참모장' 이승복의 힘이 크게 작용하였
다. 다만 드러내지 않고 '막후'에서 활동하는 그의 성격으로 인해, 신간회운동
에서 차지하는 위상이 제대로 드러나지 못하였고 걸맞게 평가받지 못하였을
뿐이다.[13]

---

[11] 신용하는 위의 3인을 '신간회 창립의 최초의 주도자'로 표현하였다. 신용하,『신간회
의 민족운동』, 독립기념관 한국독립운동사연구소, 2007, 32~33쪽.

[12]『三千百日紅』, 138쪽.

[13] 趙東杰,「修堂 李南珪 선생의 독립정신과 유지」, 民族文化推進會,『修堂 李南珪 先生
의 독립정신과 詩의 세계』(民族文化推進會 修堂集 完譯 紀念學術講演會, 1999)의
21~25쪽에서 '5. 손자 平洲의 독립운동과 中道主義'를 소주제로 다루었다. 수당의 정
신을 규명하기 위하여 이승복을 다루었지만, 학계에서 이승복을 짧게나마 언급한 최
초의 사례로 보인다. 조동걸은 이승복의 독립운동의 정신을 '중도주의'로 규정·표현
하였다. 이승복의 신간회운동을 주제로 삼은 논문으로 이문원,「平洲 李昇馥과 新幹
會運動」(『애산학보』33, 애산학회, 2007)이 있는데, 신간회운동 자체보다도 이승복의
민족운동 전체를 조망하는 자료상의 가치가 있다. 이문원도 이승복 사상의 기저를
중도주의로 파악하였다. 2008년 10월에 '수당 이남규선생기념사업회'가 주최하여『평
주 이승복선생 서세삼십주년기념 학술대회 : 평주 이승복의 생애와 독립운동』(2008.
10. 30)을 열었다. 이 날 신용하,「평주 이승복의 생애와 사상과 민족운동」; 정진석,
「이승복의 항일 민주 언론활동」; 오영섭,「해방 후 이승복의 정당활동」; 김인식,「이
승복과 신간회운동」등 4편의 논문이 이승복의 민족운동을 조명하였다. 이 가운데
수정·보완되어 학회에 발표된 논문들은 다음과 같다. 오영섭,「해방 후 平洲 李昇馥

망명항일운동 → 국내 항일언론운동 → 신간회운동 → 8 · 15해방 후의 신국
가건설운동으로 이어지는 이승복의 민족운동 가운데에서도, 언론민족운동[14]
과 신간회운동은 겉으로 드러내지 않고 활동하는 그의 성격에도 가릴 수 없이
눈에 띄는 성과였다. 신간회의 강령과 규약을 작성하고 중앙조직을 완성한
'신간회의 창립'은 그의 언론운동과 "더불어 영원히 빛날 공적"[15]이었다.

이 논문은 이승복이 신석우 · 안재홍 · 홍명희와 함께 신간회를 발기 · 창립
하는 제4의 주역임을 확인하고자 하였다. 좀더 정확히 말하면, 이승복은 안
재홍과 함께 신간회의 현 위치와 지향점을 다지면서, 신간회 초기의 조직화
를 담당한 한 축으로서 양대 주역이었음을 강조하였다. 안재홍이 『조선일보』
를 매체로 삼아 신간회의 위상과 정신을 좌익민족주의로 제시 · 정립하였다
면, 이승복은 이를 신간회의 강령 · 규약으로 구체화하고, 대인 교섭 능력을
발휘하여 신간회를 발기 · 창립하는 초기 조직화를 완결지었다.

이 논문은 이승복이 신간회에 참여한 배경 이론과 신간회 강령의 정신,
즉 그의 사상을 분석하는 데 중점을 두었다. 이로써 신간회의 막후에서 주도
력을 발휘한 이승복의 '헌책'이, 左翼民族戰線으로 발기 · 창립되는 신간회의
정체성을 확립하였음을 밝히고자 하였다.

제2장에서는 신간회 강령의 정신을 검토하는 전 단계로, 이승복이 신간회

의 신국가 건설운동」, 『崇實史學』 24, 崇實史學會, 2010; 김인식, 「이승복과 신간회
창립기의 조직화 과정」, 『한국민족운동사연구』 58, 한국민족운동사학회, 2009; 김인
식, 「이승복과 신간회 강령의 이념 · 노선」, 『한국민족운동사연구』 62, 2010을 참조.
김인식, 앞의 논문(2009)은, 이승복이 신간회운동에 이르는 사상운동의 경로, 또 신간
회의 강령 · 규약을 작성하고 중앙조직을 완성하는 등 신간회의 초기 조직화 과정에
서 나타난 이승복의 주도성을 밝혔다. 김인식, 앞의 논문(2010)은, 신간회운동에 이르
는 사상운동의 과정에서 형성된 이승복의 사상, 그가 명문화한 신간회 강령 · 규약의
정신을 해명하였다.

14) 이승복의 언론민족운동은 정진석, 앞의 논문을 참조.

15) 金乙漢의 평이다. 『三千百日紅』, 290~291쪽.

에 참여하게 되는 사상의 배경으로 反문화주의 형성과 단일정치결사론의 의미를 살펴보았다. 3장에서는 신간회 창립의 목표가 좌익민족전선을 형성하여, 反자치운동을 기치로 대중을 정치훈련하는 데 있음을 검토하였다. 4장에서는 이승복이 신간회의 강령·규약 등을 작성하는 등 창립기의 신간회를 조직화하는 과정을 주도하였음을 강조하면서, 자치론·자치운동에 대항하는 좌익민족주의의 정신을 신간회의 강령에 어떻게 명문화하였는지 설명하였다.

2. 신간회에 참여한 사상의 배경

이승복이 평생의 莫逆之友인 月峰 韓基岳과 함께 1913년 러시아로 망명하여 민족운동을 실천하기 시작한 뒤, 1921년 상해의 대한민국임시정부 운동에 관계하다가 국내로 완전히 귀국한 시기는 1923년 1월이었다. 그는 국내 민족운동에 가담하기 앞서, 사회주의 사상단체인 신사상연구회에 가담함으로써 국내에서 민족운동의 거점을 탐색하기 시작하였고, 이어 火曜會 → 正友會로 이어지는 표면 사상단체에 가입·활동하였다.[16)

이승복은 귀국한 뒤 사회(공산)주의 사상에 관심을 갖고 표면사상단체에서 활동하였지만, 이들 단체의 배후 조직인 공산당 조직을 비롯해 비밀결사에는 가담하지 않았다. 그가 사회(공산)주의에 얼마큼 공감·경도했느냐보다 더 중요한 점은, 그가 거친 사상운동의 경로가 민족개량주의로 경사함을 막는 견제력이 되었다는 사실이다. 이러한 사상운동의 경로는 역시 그의 莫逆之友[17)인 홍명희의 사상운동의 궤도이기도 하였다.[18) 홍명희·이승복 두

---

16) 이 과정은 김인식, 앞의 논문, 2009, 243~255쪽을 참조.

사람이 동일선상에서 사상운동을 추구한 배경이 이승복이 신간회에 참여하는 계기가 되었고, 이승복이 '碧初系'로 불리는 까닭이었다.

이승복이 신간회에 참여하는 이론·사상의 배경은, 그가 가담하였던 사상단체가 이론·조직상의 발전을 지향하였던 귀결점에서 출발하였고, 이는 바로 反문화주의와 單一政治結社論이었다. 이승복은 사회주의 사상을 접하면서, 당시의 한 조류였던 문화주의의 반대점에서 출발하여, 「정우회선언」의 단일정치결사론을 배경으로 신간회 조직에 참여하였다.

1) 사회주의 사상단체 활동과 反문화주의의 형성

이승복이 귀국하기 전, 상해의 대한민국임시정부에서 활동하면서 민족주의와 사회(공산)주의 사이의 노선상의 대립·갈등을 얼마큼 경험했는지, 그리고 이 과정에서 사회주의 사상을 어느 수준만큼 접하였는지는 확인할 수 없다. 그가 귀국할 무렵, 국내에서도 두 이념의 상이점으로 인한 대립·갈등이 격화하였고, 이러한 시대상이 그가 사상단체에 가담하는 배경·이유였다. 이승복은 사회주의사상에 공감하여 이를 탐색하면서 민족운동의 활로·거점을 모색하였다. 그는 1923년 7월 신사상연구회의 발기인으로 참여하면서 사상운동계에 이름을 드러내었으나, 이보다 앞서 귀국 직후 곧바로 무산자동맹회에 가담하면서 사상운동의 출발점을 삼았다고 보인다.

이승복이 종로경찰서투탄의거(1923. 1. 12)에 연루된 때를 회고하면서, "正

---

17) 홍명희는 韓基岳·안재홍과 함께 이승복의 '莫逆之友 세 사람'이었다. 홍명희·이승복은 신사상연구회에서 화요회로, 다시 정우회의 활동으로 이어지는 과정, 또 동아일보사에서 시대일보사로 자리를 옮기는 행적이 일치하였다. 『三千百日紅』, 126쪽.

18) 홍명희가 신간회에 이르기까지 사상운동의 과정은 강영주, 『벽초 홍명희 연구』, 창작과비평사, 1999, 178~187쪽을 참조.

友會를 우리 집에서 만들 무렵 그(金相玉을 가리킴 : 인용자)가 내게 와서 불과 5, 6일 만에 사건이 발생했어요."[19]라고 말한 대목을 주의할 필요가 있다. 여기서 '正友會'는 착오가 분명하다. 그러나 그가 김상옥의 의거를 생생하게 기억함을 전제한다면, 귀국 후 이때를 전후하여 어떠한 단체를 조직하려 하였다는 내용의 회고 자체를 기억착오로 보기는 어렵다. 이승복이 화요회보다 앞서는 신사상연구회까지 소급시켜 정우회를 연관시켰음을 보면, 그가 김상옥 의거를 전후하여 어떤 단체에 관여 또는 가담하였고, 이것이 정우회까지 이어지는 맥락을 지녔음을 짐작케 한다. 이는 신사상연구회의 전신인 무산자동맹회와 관계가 있었다.

『開闢』에 실린 한 기사에 따르면, 1923년 1월 초 무산자동맹회는 회원이 40여 인이었고, 회관은 서울 觀水洞 47번지의 100間 되는 조선건축물에서 '陜窄'한 2간 반의 사무실을 10여 원에 빌려 사용하여 '無算(預算)者凍盟會'라 할 만큼 궁색한 처지였다. 이때의 常任委員은 金翰·李準泰·元友觀·金達鉉 등이었는데, "近日에는 鍾路署投彈事件에 關聯하야 그 幹部가 警察署 出入에 눈코 쓸새가 업슴으로 一月 十九日 創立紀念日에 講演會 한번도 헐 勇氣가 업섯다."[20] 무산자동맹회의 김한이 김상옥 의거에 연계되었음이 분명하고, 이승복이 김상옥에게 잠시 거처만 제공한 이유로 연루된 사실 등을

---

19) 『三千百日紅』, 120쪽.
20) 尖口生, 「까마구의 雌雄」의 '無産者同盟會', 『開闢』第三十四號(開闢社, 1923년 4월호), 52~53쪽. 본문의 인용문은 '간부'가 누구인지 이름을 밝히지 않았으나, 金翰일 수도 있고, 이승복일 가능성도 배제할 수 없다. 김상옥이 귀국하기 전 義烈團의 金元鳳은 김상옥에게 김한을 소개하였고, 김한은 거사에 쓸 대형폭탄을 인계할 임무를 띠었으며, 김상옥은 서울에 와서 김 한·전우진·윤익중 등과 함께 사이토오 총독을 암살할 계획을 세웠다. 윤우 엮어지음,『서울 한복판 항일시가의 용장 : 김상옥 의사』, 백산서당, 2003, 249·262·268쪽. 김한은 김상옥의 1월 22일 의거 직후 피검되었고, 최고 형량을 언도받아 5년간 복역하였다. 김영범,『의열투쟁 - 1920년대』I, 독립기념관 한국독립운동사연구소, 2009, 166~167쪽.

고려하면, 김상옥 의거를 전후하여 이승복이 무산자동맹회에 관여하였음을
추정할 수 있다.

위『개벽』의 기사는 무산자동지회가 창립된 1922년 1월 19일을 무산자동
맹회의 창립기념일로 보았으며, 원고 끝에 '一月上旬稿'라고 밝혔는데, 1923
년 1월 12일 종로경찰서투탄의거의 전후 상황을 반영하였다. 이상을 보면,
1923년 1월 초 무산자동맹회는 회원수·재정상의 궁핍함을 비롯하여, "內容
의 實力은 아즉까지 너무도 貧弱"[21]한 상태였으므로 어떠한 전기를 꾀하려
시도하였고, 이러한 정황을 이승복은 "정우회를 우리 집에서 만들 무렵"으로
회고하였다고 생각한다.

어쨌든 김상옥 의거는 이승복이 귀국하자마자 처음 목격·경험한 국내 최
대의 사건이었고, 이때 그의 사상의 향배가 무산자동맹회 → 신사상연구회로
결정되었음은 결코 우연이 아니었다. 종로경찰서투탄의거 5, 6일 전에, 김상
옥이 이승복의 孝悌洞 집에서 묵은 사실이 드러나 이승복은 10여일 간 구속
되었는데, 이때 雪山 張德秀가 헌병대에 가서 이승복의 "신변 문제에 대한
부탁을 하고 해서 그 덕을 많이" 보았다.[22]

---

21) 앞의 「싸마구의 雌雄」. 참고로 무산자동맹회의 회원은 1922년 9월 현재 132명에 달했
   다고 한다. 또 다른 자료는 1923년 3월 현재 60~70명의 회원을 말하고 있다. 朴哲河,
   「1920年代 社會主義 思想團體 硏究」, 崇實大學校 大學院 史學科 博士學位論文, 2003,
   21쪽.
22) 이승복은 1913년 러시아로 망명하였다가, 1921년부터 귀국할 때까지 상해의 대한민
   국임시정부 운동에 관계하였는데, 이 무렵 김상옥 열사를 처음 알게 되었다. 이것이
   사실이라면, 이승복은 이미 상해 시절에 의열단과 관계 있는 무산자동맹회의 존재를
   알았을 수도 있다. 어쨌든 김상옥은 李始榮의 소개를 받고 이승복에게 와서 효제동에
   서 묵었다. 이것이 드러나 이승복은 그의 아우·삼촌과 함께 종로경찰서로 끌려갔다
   가 두 사람은 풀려났고, 이승복 혼자 경찰부로 넘어갔다. 이승복은 김상옥 의사가
   1월 22일 의거 직후 자결하였음을 알았고, 그렇다면 "모든 것을 잡아떼도 그만일 것
   같아 그렇게 했더니 결국은 무사하게" 풀려났다. 『三千百日紅』, 120쪽.

장덕수가 이승복의 구명 활동을 할 만큼의 친분이 언제부터 형성되었는지 확인하기 어렵지만, 이승복이 갓 귀국한 시점에서 장덕수의 도움을 받은 사실 하나를 보더라도, 이승복이 경사할 수 있는 국내의 인맥은 문화주의에 가까웠다. 그러나 이승복은 빠르면 귀국 직후부터, 늦어도 1923년 7월부터는 동아일보 계열의 문화주의와는 분명하게 선을 긋는 행보를 보였다. 여기에는 신사상연구회로 이어지는 무산자동지회(1922. 1. 19 결성) · 무산자동맹회(1922. 3. 31 결성)의 성향과 인맥[23]이 작용하였다.

장덕수는 일본 유학 시절 김성수[24] · 송진우와 인맥을 형성하였고, 이를 기반으로 1920년 창간된『동아일보』의 주간이 되었다. 이때부터 장덕수는, 金思國 등의 공격을 받아 미국 유학을 떠나는 1923년 4월까지,『동아일보』를 기반으로 문화주의를 천명하며 문화운동을 제창하였다.[25] 식민지시기는 물론 해방정국까지 걸쳐서, 장덕수는 김성수를 중심으로 형성된 이른바 '동아일보 그룹'의 핵심 멤버였다.

장덕수는 이미『동아일보』창간사「主旨를 宣明하노라」(1920. 4. 1)에서 '조선민중의 표현기관' · '민주주의의 지지' · '문화주의 제창'의 3개 주지[26]를

---

[23] 무산자동맹회의 성향은 박철하,「1920년대 전반기 '중립당'과 무산자동맹회에 관한 연구」,『崇實史學』第13輯, 崇實大學校 史學會, 1999 ; 朴哲河, 앞의 논문, 2003의 Ⅰ-1의『비밀결사 '조선공산당'과 무산자동맹회』를 참조.

[24] 김성수 · 장덕수 · 이광수 3인은 모두 와세다 대학 출신인데, 이들은 학연을 기반으로 일치되는 정파, 즉 1920년에서 1922년까지 대두했던 '점진적인 문화적 민족주의의 계보'로 연계되었다. M. 로빈슨 著, 김민환 譯,『일제하 문화적 민족주의』, 나남출판, 1990, 95~96쪽.

[25] 장덕수의 문화주의 · 문화운동은 沈在昱,「雪山 張德秀의 文化運動과 社會認識, 1912~1923」,『한국민족운동사연구』28, 한국민족운동사학회, 2001을 참조.

[26] 동아일보사는 1920년 1월 14일 발기인총회에서 사장 朴泳孝를 비롯하여 임원진을 결정한 뒤, 사장 박영효의 집에 임원진이 모여 社是에 해당하는 3대 '主旨'를 다음과 같이 결정하였다. "1. 朝鮮民衆의 表現機關으로 自任하노라. 2. 民主主義를 支持하노라. 3. 文化主義를 提唱하노라." 1920년 7월 紙齡 100호 기념의 社告에서는 1항의 '조선민

설명하면서, 문화주의의 기치를 선명히 하였다. 그에게 문화주의는 '문화의
낙원'인 '독립'을 이루기 위해서는 정치뿐만 아니라, 경제·도덕·종교·과
학·철학·예술 등의 모든 생활 분야에서 '내적 충실'을 기해야 이를 수 있는
방법을 가리켰으며, 문화운동은 '생활 내용의 충실'을 위한 방편이었다. 3·1
민족운동을 "원만한 문화의 수립을 위해 異民族의 지배에서 탈피하기 위한
전민족의 정치운동"으로 규정한 그의 논리는, 3·1민족운동이 실패로 돌아갔
으므로, 이제 식민지 조선에서는 더 이상 정치운동이 불가능하다는 인식으로
나아갔다. 따라서 장덕수는 앞으로 새롭게 나타날 민족운동은 '정치적 방법'
이 아닌 '사회적 방법'으로 진행되어야 하며, 이것이 자신들이 주장하는 '문화
운동'임을 강조하면서 '인격주의'를 표방하였다.[27] 그가 문화주의를 제창하
는 시기에 사회주의운동에도 가담하였지만,[28] 그의 주의·주장의 바탕은 여

중'을 朝鮮民族으로 바꾸었다. 이후 社是는 몇 차례 걸쳐 간결하게 요약되었는데,
1926년 4월 21일의 社說에서는 "1. 民族意識의 表現. 2. 民主主義. 3. 新文化建設"로,
1930년 9월 1일자 社說에서는 이를 다시 "1. 朝鮮民族의 生存權의 主張擁護. 2. 民主
主義의 提昌. 3. 新文化向上의 促進"으로 구체화하였다. 『東亞日報社史』卷一, 東亞
日報社, 1975, 91~92쪽. 이상에서 보면, 동아일보의 문화주의는 신문화건설과 이를
촉진하는 이념이었다.
[27] 沈在昱, 앞의 논문, 204~208, 216~220쪽을 참조. 문화주의를 인격주의로 이해하는 현
상은 문화운동론자들의 일반성인데, 이들은 문화운동을 개인의 인격완성을 목표로
하는 '교화' 운동으로 간주하여, 개인의 개조='내적 개조'를 궁극의 목표로 생각하였
다. 이러한 조류는 이광수의 「민족개조론」에서 보듯이 민족성개조론으로 이어지는
데, 민족성개조론이야말로 문화운동의 개량주의 측면을 가장 강하게 보여준다. 박찬
승, 『한국근현대정치사상사연구 - 민족주의우파의 실력양성론』, 역사비평사, 1992,
209~217쪽.
[28] 장덕수는 1920년 6월 사회혁명당(상해파) 결성에 참여하였고, 1921년 5월 상해파 고
려공산당의 국내간부 책임자였다. 『동아일보』의 초기 사설에는 이들 국내의 상해파
공산주의 그룹과 이의 모태 단체인 사회혁명당(상해파)의 견해가 강하게 반영되었
다. 이들 공산주의 단체 성원들은 문화주의를 명료하게 제안함으로써 『동아일보』에
도 적극 참여하였는데, 장덕수가 대표되는 예였다. 이애숙, 「1922~1924년 국내의 민
족통일전선운동」, 『역사와 현실』 제28호, 한국역사연구회, 1998, 93~96쪽. 한편 장덕

전히 문화주의였다.

이상에서 보이는 민족문제의 탈정치화 선언은 문화주의가 내세우는 논리
의 전형이었다. 장덕수는 이광수가 귀국(1921년 5월)하기 앞서 『동아일보』의
문화주의-문화운동을 선창한 민족개량주의의 이데올로그였다. 이광수가
귀국하여 『동아일보』의 논설위원으로 활동하였듯이, 장덕수도 『동아일보』
를 매체로 개량주의 이념을 주장하였다는 공통점이 있었다.[29]

이승복이 장덕수의 문화주의로 기울지 않은 이유는, 무산자동지회[30]-무
산자동맹회-신사상연구회 계열에 가담한 사상운동의 방향 때문이었다. 신
사상연구회의 전신인[31] 무산자동맹회는 1921년 5월 결성된 조선공산당의 합

....

수(책임, 중앙위원)와 김명식(기관지 담당) 사이의 관계를 예로 들어, 『동아일보』의
문화운동과 상해파가 추구하는 문화운동이 동일한지 검토할 필요가 있다는 의견도
제기되었다. 이에 따르면, 양자 사이에는 사회혁명당과 상해파 이전의 활동 경험에서
차이가 개재하였고, 1922년 10월을 전후해 국내의 상해파는 좌우익으로 분열되었다.
장덕수·이봉수 등이 이끄는 우익은 『동아일보』와 함께 종래의 문화운동을 고수하였
고, 김명식·유진희가 이끄는 좌익은 문화계몽운동론을 폐기하고 신생활사를 중심으
로 독자의 공산주의 그룹을 형성하였다. 어쨌든 『동아일보』를 통한 장덕수의 주장은
상해파가 아니라 『동아일보』의 시각을 반영하였으며, 1922년 상반기를 넘어서면 장
덕수의 논설은 사회주의자뿐만 아니라 민족운동가로서 정체성마저 흔들리는 경향을
보였다. 이현주, 『한국 사회주의세력의 형성 - 1919~1923』, 일조각, 2003, 171~185쪽.

[29] 장덕수가 사이토(齋藤實) 총독을 면담한 회수를 보면, 1919년 8월부터 1921년 말까
지 7회, 1922년부터 1923년 말까지는 5회였다. 姜東鎭, 『日帝의 韓國侵略政策史』, 한
길사, 1980, 170쪽.

[30] 무산자동맹회의 전신인 무산자동지회는 尹德炳·申伯雨·元貞龍(元友觀)·李準泰·
朴一秉(이 5인은 이후 신사상연구회의 발기인도 되었다) 등 19인이 발기하여 1922년
1월 19일 서울 峴底洞에서 조직하였다. 배성룡에 따르면, 무산자동지회는 창립총회
에서 "一. 無産者의 生存權을 確立하랴는 意味로써 綱領을 制定할 것" 등 4개 항을
결의하였는데, "이와 가티 뚜렷이 無産者의 ×××目的하고 나오는 思想運動團體는 朝
鮮에서 이것이 처음이엇다." 裵成龍, 「朝鮮社會運動小史(三) - 勞働共濟會와 青年聯
合會」, 『朝鮮日報』, 1929년 1월 5일자. 무산자동지회 → 무산자동맹회의 발전과정은
金俊燁·金昌順 共著, 『韓國共産主義運動史』 2, 청계연구소, 1986, 33~35쪽을 참조.
金俊燁·金昌順은 위 인용문의 伏字 '×××'을 '해방'으로 풀었다.

법기관으로서, '공산주의 신념'을 가진 사람을 훈련하는 '당학교'의 구실을 맡았다. 1922년 들어 조선공산당은 동아일보 계열의 국내 문화운동 세력, 무엇보다도 자치권·참정권을 획책하려는 세력, 그리고 이와 연계한 상해파 고려공산당의 지도자 장덕수 등의 혁명 전술을 강하게 비판하였고,[32] 조선혁명방침에서 테러 전술을 주장하였다.[33] 이러한 조선공산당의 反문화운동의 방침은 합법단체인 무산자동맹회에도 이어졌다.

무산자동지회의 발기인이자, 무산자동맹회의 7인 간부회의 한 사람으로서 신사상연구회의 발기인이었던 申伯雨도 문화운동의 쓸모 없음을 강하게 주장하였다. 그는 『동아일보』와 문화운동을 연결시켜 조롱하듯이 비판하면서, 이것의 본질이 자치운동·참정권 운동에 있음을 날카롭게 직시하였다. 그는 영국·일본·중국 등을 유학하거나 조선에서 중등학교 이상을 수료한 지식층=지식계급들이, 이미 '社會의 中樞人物'이 되어 문화운동을 주도한다고 지적하면서, 이의 실태와 본질을 다음과 같이 폭로하였다.

　　(자료 A)
　　… 그리하여 社會前面에 浮動하는 무리의 口頭禪은 文化運動이라 합니다. 그런데 그 文化運動이라는 意義는 甚히 漠然하여 그 模型을 捕捉할 수 없습니다. … 民衆의 表現機關을 세우겠다고 얼마의 株金을 얻어다가 … 이것도 文化運動이다, 朝에는 獨立을 夢하다가 夕에는 自治講演을 하다가 又明日에 參政權獲得을 高調하는 者도 文化運動이다. …[34]

---

31) 조직원 金翰이 의열단과 朴烈의 투쟁에 연관되어 투옥된 사건에서 비롯하여, 조직 자체가 탄압을 받아 활동이 불가능한 상태에 빠졌기 때문에 '실행단체'인 무산자동맹회는 '연구단체'인 신사상연구회로 전환할 수밖에 없었다. 김희곤·강윤정, 『잊혀진 사회주의운동가 이준태』, 국학자료원, 2003, 50~51쪽.

32) 이애숙, 앞의 논문, 96~98쪽.

33) 朴哲河, 앞의 논문, 2003, 9~40쪽.

이승복은 무산자동맹회-신사상연구회로 이어지는 反문화주의 단체에 가담함으로써 민족개량주의로 기울지 않았다. 일본말조차 쓰기 싫어하면서[35] '대정' 연호를 거부하는[36] 그의 비타협성은 가족사[37]에서 연원하겠지만, 무산자동맹회-신사상연구회에 가담하여 사회주의 사조를 연구·흡수한 후천·사상의 경향도, 그를 민족개량주의의 영향에서 벗어나게 한 작용력이었다.

2) 정우회의 '단일정치결사론'

이승복의 최종 학력은 18세인 1912년 大東法律專門學院 2년을 수료하였을 뿐,[38] 홍명희와 같은 일본 유학파도 아니며, 당시 자칭·타칭 이론가들처럼

---

[34] 申伯雨, 「社會運動의 先驅者 出來를 促하노라(續)」, 『新生活』第一卷 二號(三月號), 1922; 畊夫申伯雨先生紀念事業會, 『畊夫 申伯雨』, 大韓公論社, 1973의 文集篇, 293~296쪽.

[35] 『三千百日紅』, 137~138쪽.

[36] 당시 민간지가 한글을 사용하기는 하였으나, "大正年號를 쓰고 있는 신문들이었기 때문"에 이승복은 "당초에 新聞社에 몸을 담을 생각은 없었"다. 동아일보에서 함께 일하자는 홍명희·홍성희 형제의 권유와 간청을 이승복이 거듭 고사한 이유도, 『동아일보』가 비록 한글 신문이라 하더라도 '대정' 연호를 사용하였기 때문이다. 홍명희가 동생 홍성희를 시켜 "新聞社에 入社해서 民族運動을 해 보자는" '끈질긴 권유'·'간청'를 계속하자, 이승복은 '거듭 辭讓'만 할 수 없어 결국 승낙하고 1924년 5월 동아일보사 조사부장으로 入社하였다. 일제에 전혀 타협하지 않으려는 이승복을 설득한 홍성희의 논지는 "우리 兩家는 같은 愛國의 名家가 아니오. 다만 自殺과 他殺의 차이가 있을 뿐인데…"라는 말이었다. 『三千百日紅』, 124~125쪽. 동아일보사에서 민족운동을 함께 하자는 당위성보다는, 민족을 위해 순절·순국한 가문의 후손이라는 유전형질을 들어 호소하는 감성이 이승복을 움직일 만큼 그의 비타협성은 철저하였다. 또 한편으로 이승복이 홍명희·홍성희 형제의 제안을 선뜻 받아들이지 않은 이면에는, 그가 신사상연구회에 가담한 경력, 즉 무산자동맹회의 反문화주의와 反동아일보 성향과도 관련이 있었다고 생각한다. 이는 뒤에 다시 보기로 한다.

[37] 이승복은 13살 때인 1907년 9월 26일(음력 8월 19일) '坪村里의 禍'라 불리는 父祖의 참변을 겪었다. 이때의 정황은 趙東杰, 앞의 논문, 20쪽; 정진석, 앞의 논문, 42~43쪽을 참조. 이승복은 할아버지 修堂 李南珪의 '피 묻은 토시'를 한평생 간직하면서 祖考와 先考의 '피어린 抗爭'을 늘 떠올렸다. 『三千百日紅』, 85쪽.

대학 교육을 받은 바도 없었다. 그런데도 홍명희가 이승복에게 신간회의 강
령·규약 작성 등을 위임한 사실은,[39] 이승복의 사상운동의 경력, 무엇보다
도 정우회의 연구부에서 활동한 사실이 뒷받침되었다고 보인다. 이승복은
표면단체의 조직에 이름이 드러날 뿐 뚜렷한 활동상을 보이지 않았으나, 이
른바 「정우회선언」을 작성하는 데 관여한 정황은 분명하게 추정할 수 있
다.[40] 그가 신간회운동의 전 단계에서 정우회 활동을 하였으므로, 「정우회선
언」의 의미와 내용을 분석함으로써 그가 신간회에 합류하는 사상의 배경을
살펴본다.

정우회는 제2차 조선공산당 사건으로 흐트러진 진용을 수습하기 위하여
1926년 9월 28일 중앙집행위원회를 개최하여 위원을 補選하였는데, 이때 이
승복은 중앙집행위원으로 선임되었다.[41] 이어 3차 조선공산당이 재건되고
一月會 계열이 대거 정우회에 가입하자, 새로이 진용을 정비할 필요에 따라
11월 3일 상무집행위원회를 열었는데, 이승복은 河弼源·南廷哲·林炯日·
姜相熙 등과 함께 연구부의 위원으로 배속되었다.[42] 이 날 상무집행위원회
는 신정책을 수립하고 선언서를 발표하기로 결의하였으며, 같은 날 정우회는
서무부·조사부·회계부·연구부의 사무분장위원을 선정하였다. 이때 이승

---

38) 『三千百日紅』, 102쪽.
39) 김인식, 앞의 논문, 2009, 257~262쪽.
40) 이승복의 정우회 활동은 김인식, 앞의 논문, 2009, 251~254쪽을 참조.
41) 이 날 보선된 집행위원은 金枓山·洪性熹·李昇馥을 비롯한 13인이었다. 「團體와 委員
  - 正友會執行委員會」, 『東亞日報』 1926년 9월 30일자.
42) 이 날 결정된 사무분장위원은 서무부 安光泉·金泳植·權肅範·孫永桓·姜鐵, 조사
  부 金京泰·金光洙·千斗上·徐在國·李鎭泰·李承元, 회계부 金枓山·姜鎔·韓洛
  叙·董林·成世斌, 연구부에 河弼源·南廷哲·李昇馥·林炯日·姜相熙이 배속되었
  다. 「正友會新陣容 - 새로운 정책을 수립한다고」, 『東亞日報』 1926년 11월 6일자. 위
  의 임원진 21명 가운데, 일월계로 확실하게 분류되는 사람은 안광천·김영식·하필
  원 3인뿐이었다.

복이 연구부에 배정된 사실은 매우 중요한 의미를 지녔다. 이 새로운 진영 편성은 신정책 수립, 즉 정우회운동의 방향성을 새롭게 정립하려는 목적과 직접 관계가 있었다. 신정책 수립과 선언서 발표를 연구부가 주관하였으므로, 이는 「정우회선언」이 발표되는 과정에 이승복이 관여·참여하였음을 말해준다.

정우회는 11월 3일의 결의에 따라, 11월 15일 집행위원회에서 신정책으로서 「정우회선언」을 발표하였다. 그런데 11월 3일 개편된 정우회의 진용을 보면, 「정우회선언」을 안광천·하필원 등 일월회계가 주도하였다는 선입견을 배제하고 「정우회선언」의 문맥을 다시 깊게 분석해 보아야 한다.

「정우회선언」[43]은 이 자체가 가지는 복선과 함축성으로 인해, 당시뿐만 아니라 오늘날에도 逐字 해석에서 합의된 결론을 끌어내기 쉽지 않으므로, 이의 본디뜻을 도출하는 데에는 여러 가지 논쟁점을 안고 있었다. 이 점에서 "십여페지에 밋치는 긴" 선언서의 '대개요지'를 소개한 『동아일보』의 보도는, 前進會의 결의문과 검토문에 앞서, 「정우회선언」의 요체를 해석한 최초의 자료이므로 눈여겨보아야 한다. 「분열로 통일에 – 신정책, 신국면」이라는 기사의 표제에서 보듯이, 『동아일보』가 맥을 짚은 바 신정책의 목적은 '통일'이 었다.

『동아일보』는 이 '통일'의 방향을 세 가지로 요약하였는데, 이의 요점을 추리면, 첫째가 "사상단톄의 통일을 주당할 것", 둘째 "민족운동단톄가 대중을 배경으로 하엿슬 것 가트면 적극적으로 데휴하야 대중의 리익을 위하야 반동단톄와 분연히 싸와야하겟다는 것", 셋째, "목덕과 주의가 가튼 운동단톄

43) 「分裂로 統一에 - 新政策, 新局面」, 『東亞日報』 1926년 11월 17일자; 「正友會의 新陣容 - 강연회 개최선언서 작성」, 『朝鮮日報』 1926년 11월 17일자. 「정우회선언」은 위의 신문에 보도되었다.

일 것 가트면 합동에 주저하지를 안코 엇더한 양보라도 사양치 안켓다는 것"
이었다. 여기서는 '방향전환'이니 하는 이론상의 문제는 보이지 않고, '통일'
을 주제어로 삼아 민족운동단체와 제휴하겠다고 선언하였다. 「정우회선언」
은 복잡한 이론 문제보다 이처럼 단순한 원형의 관점에서 먼저 검토할 필요
가 있다.

또 한 가지 「정우회선언」의 원의를 제대로 이해하기 위해서는 「정우회해
체선언」은 물론, 정우회가 해체에 이르는 과정에서 발표한 결의까지 논점에
두어 파악해야 한다. 정우회는 1927년 2월 1일 집행위원회를 개최하여, 앞서
상무집행위원회에서 행한 임의해체 결의에 준거하여 해체를 결의하는 두 가
지 성명을 발표하면서, 총회를 열어 정식 해체를 결의하기로 결정하였다.[44]
이 날 발표한 성명에서는 "政治的으로 同盟者的 性質을 가지고 잇는 一般鬪
爭要素와 協同하야 統一된 單一政治結社를 具體的으로 組織하기로 提唱高
調함은 左翼精神을 抛棄乃至 曖昧化하고저 함이 아니라"고 주장하였다. 여
기서 「정우회선언」이 가리키는 정치투쟁과 협동정신이 좌익민족주의자와
'단일정치결사'를 조직하려 하였음을 분명히 알 수 있다. 또 "우리 陣營內의
一切의 機會主義에 對하야 不絶히 果敢한 意識的及 政治的 鬪爭을 行"한다
고 하였는데, 정우회의 정치투쟁이 기회주의, 즉 자치운동과 구별됨도 확인
된다.

1927년 2월 21일 정우회는 임시총회를 열어 해체선언서를 낭독하고 해체
를 선언하였다.[45] "正友會는 이에 解體를 宣言한다"를 제1항으로 시작하는

----

44) 「正友會解體 – 委員會에서 決議 – 지난 일일 성명서까지 작뎡 –總會에서 正式決定」,
    「聲明要旨」, 『東亞日報』, 1927년 2월 4일자.
45) 「解體宣言 草案」은 「戰線이 整理되는 朝鮮의 無産運動」, 『朝鮮日報』 1927년 2월 22일
    자에 실려 있다.

6개 항의 「해체선언 초안」은 제2항에서, 국내외의 "當面客觀的의 形勢에 適應하야" '大衆運動으로의 政治運動으로의 轉換'·'政治鬪爭의 全般的 展開를 鼓吹'할 필요성을 강조하였고, 이하 항목에서는 이를 위한 방향과 방법을 두 가지로 제시하였다. 3·4항에서는 "大衆的 政治運動을 統一的으로 展開"하기 위해서 "戰鬪的 小샐로조아階級과 一致되는 民族的 役割을 가진 것"을 우선 지적하면서, "爲先 戰鬪的 小샐로조아階級과 구든 聯盟을 매저야 한다. 즉 그들과 協同戰線을 結成하여야 한다"고 강조한 뒤 "故로 朝鮮運動當面階級[46]에 잇서서 最緊한 組織은 戰鬪的 人民全般을 包含한 民族的 單一戰線이다."고 결론내렸다.

신간회가 창립된 지 6일 만에 정우회는 해체를 선언하였고, 이에 동조하여 각 지방의 사상단체들도 잇달아 자진하여 해체하였다. 이러한 움직임은 신간회를 민족단일당으로 지지·발전시키려는 대세로 확산되었으며, 1927년 5월 들어 신간회는 '민족단일당'으로 자리매김되었다. 「정우회선언」이 좌익민족주의 조직으로서 신간회가 발기·창립되는 1차 동력은 아니었지만, 「정우회선언」의 단일정치결사론은 사회(공산)주의자들이 좌익민족전선으로 창립되는 신간회에 참여하여 좌익민족주의자들과 결합하는 이론 배경이 되었다.

3. 민족주의 좌익전선에 합류 : 조선일보 계열과 신간회운동의 방향성

이승복은 정우회의 라인으로 신간회의 발기·창립에 참여하였으나, 이때부터 그의 사상운동의 방향은 사회주의에서 좌익민족주의[47]로 이동하여 갔

---

46) 階段의 오자인 듯.

으며, 조선일보사에 몸담음으로써[48] 좌익민족주의자로서 자신의 사상과 입지를 구축하였다. 비타협 민족주의자들이 모여서 신간회의 발기·창립을 합의한 장소가 조선일보사였다는 사실이[49] 상징하여 보여주듯이, 『조선일보』는 신간회의 '대변지·기관지'로 불릴 만큼 신간회와 밀접한 관계가 있었다. 당시 『조선일보』의 논조는 신간회운동의 방향성과 그대로 부합·일치하였는데, 이는 창립 당시 신간회의 성격이 어떠하였는지를 말해준다. 『조선일보』는 신간회의 발기인과 강령이 공개되기 앞서, 벌써 신간회의 이념·노선을 제시하였고, 강령이 공개된 후에는 신간회를 '민족주의 좌익전선'으로 천명하였다. 이 중심에는 안재홍이 있었다.[50]

신간회 발기를 한창 서두르는 와중인, 1월 5일자의 사설[51]에서 『조선일보』는 "妥協的 및 右傾的 勢力의 出現이 早晩에 있을 것"이며, 이들이 "統治階級 사람들의 힘들여 準備하는 어떠한 戱曲"인 자치론에 '호응'하여 '타협운동'을 획책하리라고 예견·경계하면서, 이에 대응하여 비타협 세력인 '左翼 各派'의

---

[47] 신간회 창립을 주도한 비타협 민족주의세력들은 당시 '民族主義 左翼戰線'을 제창하면서 '좌익민족주의'를 자처하였고, 이러한 자기규정은 신간회운동의 끝무렵까지 유지되었다. 신간회 창립을 전후하여 비타협 민족주의자들이 제기한 '좌익'의 개념에는 '비타협'·'반제국주의'라는 뜻이 담겨 있었다. 당시의 사회주의자들도, 1930년대에 들어 비타협 민족주의까지 한데 묶어 '민족개량주의'로 단정하기 전에는, 이들을 '좌익' 또는 '좌익민족주의'라 지칭하였다. 따라서 이 논문에서도 좌익민족주의는 1920년대 중후반~1930년대 초에 신간회를 창립하고 신간회운동을 주도하였던 국내의 비타협 민족주의세력을 가리켰다. 김인식, 앞의 논문, 1994, 163~164·169쪽.

[48] 이승복이 조선일보 영업국장으로 영입된 시기는, 신간회가 창립된 후인 1927년 3월 27일 이후였다. 김인식, 앞의 논문, 2009, 258쪽.

[49] 이병헌에 따르면, 1927년 1월 초순경 權東鎭·洪命熹·李甲成·朴東完·白寬洙·安在鴻·申錫雨·韓基岳 등이 朝鮮日報社에서 회합하여 신간회를 발기하기로 합의하였다. 李炳憲, 「新幹會運動」, 『新東亞』 1969년 8月號, 194쪽.

[50] 아래에서 인용하는 『조선일보』 사설·시평들은 논조와 용어 등을 볼 때 모두 안재홍이 집필하였음이 분명하다.

[51] 「轉換期의 朝鮮」, 『朝鮮日報』 1927년 1월 5일자 社說).

비타협 운동의 임무인 '左翼的 任務'[52]를 강조하였다. 이의 요점은 타협운동이 대두하는 즈음에, 대중이 이에 쏠리어 타락함을 방지하고, 통치계급에 쉴 새 없는 충격을 줄 조직·단체를 결성하여, 대중을 목적의식성으로써 훈련하자는 데 있었다. 위의 사설은 이 같은 '좌익적 임무'=비타협 투쟁을 강조함으로써 신간회 결성이 임박하였음을 예고하였다.

신간회가 발기되기 3일 전, 『조선일보』의 時評[53]은 '타협적 민족주의운동'을 감시할 '비타협적 민족주의운동'의 임무를 다시 강조하였다. 그리고 신간회로 결집될 '비타협 민족주의자의 단결'을 외치면서 '解放戰線의 最左翼을 形成'한 각종 운동단체, 즉 사회주의 단체에게도 비타협 민족주의운동의 '左翼的 任務'에서 '통일'하자고 제안하였다. 이는 「정우회선언」에 대응한 반응이었다. 나아가 이 時評은 현재 조선에서 '實際運動'은 '정치운동'을 의미하는데, '정치운동'에는 '민족주의적 타협운동'과 '비타협'의 兩種이 있다고 설명하면서, 「정우회선언」 가운데 논란이 된 '정치운동'의 개념을 명확히 구분·제시하여 못 박았다.

1927년 1월 19일 신간회는 발기인대회를 마치고 강령을 공표하였다. 이에 다음날인 1월 20일 『조선일보』는 사설에서 신간회의 강령을 풀어 밝히면서, 신간회 창립이 준비되고 있음을 공개하고, 신간회의 성격을 '민족주의 좌익전선'·'민족적 좌익전선'으로 천명하였다.[54]

---

[52] 이 당시 안재홍이 좌우익의 용어를 어떠한 뜻으로 사용하였는지는 金仁植, 「안재홍의 좌우익 개념규정과 이념정향의 변화」, 『한국근현대사연구』 제49집, 한국근현대사학회, 2009, 89~95쪽을 참조.

[53] 「實際運動問題」, 『朝鮮日報』 1927년 1월 16일자 時評.

[54] 「新幹會의 創立準備 - 眞摯한 努力을 要함」, 『朝鮮日報』 1927년 1월 20일자 社說. 이 사설도 안재홍이 집필하였는데, 좌익민족주의자들이 신간회로써 의도한 바를 명확하게 알 수 있다.

(자료 B)

그리하야 右傾的 思想을 排斥하고 民族主義의 左翼戰線을 形成하야 써 變動되려는 時局에 策應하고 그 成果를 後日에 期코저 함이 그 目的이라 한다. 이는 朝鮮人된 者가 누구나 眞摯한 考慮를 要할 時代意識을 代表한 者이다. … 機會主義의 否認은 民族主義의 左翼戰線을 形成하려 하는 者들로서는 또 업서서 아니될 條件일 것이다. … 民族的 左翼戰線을 形成하야 右傾的 思想 및 그 運動을 排斥하고 大衆으로 하야금 一定한 目的意識에 依하야 그의 反撥的 前進을 繼續케 하도록, 그의 存在의 意義와 밋 時代의 使命을 堅實 또 鮮明하게 表現하기는 자못 容易한 일이 아니다.

신간회 창립대회가 열리기 6일 전, 조선일보 사설[55]은 '墮落을 意味하는 機會主義'·'右傾的인 妥協運動'인 자치운동을 추구하는 '民族右翼의 集團'을 다시 경계하면서, 신간회의 성격을 '비타협적인 민족주의좌익전선'·'민족좌익전선'·'좌익민족전선'으로 재천명하였다. 그리고 "民族左翼戰線으로써 自任하려는" 신간회의 운동 목표가 대중을 '政治的 訓練'하면서 "左翼的인 民族主義運動으로써 政治的 鬪爭을 持續함에 잇는 것"을 분명하게 선언하였다. 이때 정치투쟁은 비밀결사가 아니라 합법표면단체로 추진하며 대중의 당면 이익이 맞부딪히는 현장에서 戰地를 형성해 투쟁해 나가겠다고 밝혔다. 또 한 가지 중요한 점은 "左翼民族戰線은 當然히 最左翼인 社會運動戰線과 聯結하게 될 것이다."고 하여, 신간회라는 좌익민족주의의 조직을 분립·유지하면서 사회주의운동과 협동하는 방안을 표명하였다. 이로써 정우회의 '통일' 제안에 '통일' 형태를 답하였다.

이상에서 보았듯이, 『조선일보』는 신간회를 좌익민족전선·민족주의 좌

---

55)「民族左翼戰線의 意義 및 使命」, 『朝鮮日報』 1927년 2월 9일자 社說.

익전선으로 규정하였다. 이를 풀어 말하면, 신간회는 좌익민족주의자가 대중을 선도하는 정치투쟁의 단체로서, 한민족의 독립 · 해방이라는 '목적의식성' 아래, 자치운동으로 대표되는 타협운동에서 대중을 분리 · 조직 · 훈련시켜 민족독립을 향한 정치투쟁을 수행하는 좌익민족주의의 결합체였다.

4. 신간회 강령의 정신

1) 강령의 작성과 수정 과정

신간회를 발기 · 창립하고 중앙본부의 조직화를 마치는 신간회운동 초기 과정에서 이승복은 중심에서 활동하였다. 무엇보다도 신간회를 좌익민족주의 단체인 좌익민족전선체로 조직 · 완성하는 데 주력하였다. 그가 신간회운동에 가장 크게 공헌한 바는 강령 · 규약을 작성하고, 발기 · 창립과 중앙본부의 조직을 완성함으로써 신간회운동 초기 과정에서 신간회를 좌익민족주의자의 결집체로 조직화한 일이었다.

이승복이 신간회의 강령과 규약을 작성함은, 바로 신간회의 정신과 운동목표를 설정하고 중앙조직의 체계를 정립하는 일이었으므로, 이것이 신간회의 이념 · 노선을 꾸준히 제시한 안재홍과 독립된 상태에서 이루어졌다고 보기는 어렵다. 신간회 강령이 공개되었을 때, 이를 체계 있게 해설한 처음 사람은 안재홍이었다. 여기에는 신간회 강령이 수정되어 가는 과정이 반영되어 있는데, 이는 이승복이 강령을 작성하면서 안재홍과 교감하였다는 반증이기도 하다.[56] 좌익민족주의를 천명하는 『조선일보』의 논지를 강령에 명시하

---

56) 안재홍은 신간회를 발의 · 발기한 사람으로 신간회의 이론가 구실을 자담하였는데,

는 데에서, 이러한 교류는 충분히 가능한 일이었고, 어쩌면 의당한 일이었다. 이승복은 자신이 신간회 강령을 직접 작성하였음을 다음과 같이 회고하였다.

(자료 C)

碧初가 定州 五山學校校長에 부임해 가면서 내게 부탁하기를 〈내 아들 起文이와 함께 綱領 작성을 비롯한 新幹會의 모든 조직을 해 놓게.〉 하더군. 그래서 내 숙소에서 모든 일을 논의해 나갔죠.[57]

홍명희에게서 '부탁'을 받은 이승복은 홍기문을 리드하며 강령·규약 작성을 주도하였다.[58] 홍명희가 강령 작성 등을 이승복에게 '부탁'하기 전, 신간회는 이미 발의되었다. 그렇다면 이 '부탁'의 이면에는, 홍명희·안재홍·신석우 3인이 함께 발의한 신간회의 지향점·성격 등이 이승복에게 전달된 상황이 전제되어 있다. 홍명희는 이승복에게 신간회를 조직해야 하는 정황과 목적을 분명하게 전달하였을 터이다.

앞에서 인용한 사설 「新幹會의 創立準備」에서 신간회의 강령을 해설하였다. 그는 신간회 명칭의 유래와 신간회의 강령을 풀어 밝히면서 신간회의 운동노선을 제안하기도 하였는데, 여기서 좌익민족주의자들이 신간회로써 의도한 바를 명확하게 알 수 있다. 그런데 안재홍이 이 사설에서 인용한 강령은 총독부의 허가를 받기 전후의 강령이 섞여 있었다. 이를테면 제1항은 총독부의 허가를 받기 이전인 政治的 經濟的 의 究竟的 解決"을, 2항과 3항은 "단결을 공고히"·"機會主義를 일체 否認" 등 총독부가 허가한 강령을 들어 설명하였다. 이는 신간회를 발의·발기·창립하는 데 안재홍이 깊숙이 관여·주도하였으며, 신간회 강령 작성에서도 안재홍과 이승복이 교감을 형성하였음을 보이는 반증이라 하겠다.

[57] 『三千百日紅』, 166쪽. 홍명희는 경성역까지 자신을 배웅 나온 이승복에게 이러한 '부탁'을 하였다. 앞의 「이문원 중앙대 명예교수 면담」, 2008. 2. 27. 홍기문이 동행하였는지는 확실하지 않지만, 이 배웅에는 홍명희·이승복 두 사람 사이의 情理보다 더 큰 목적성이 담겨 있었다. 이때 홍명희와 이승복은 신간회 창립과 관련된 제반 사항을 확인하였음이 분명하다.
[58] 김인식, 앞의 논문, 2009, 255~262쪽.

(자료 D)

… 우연히 平安北道 定州에 있는 五山學校 교사였던 洪命熹는 冬期休暇
를 이용하여 경성에 올라와 崔南善을 방문한 바, 최남선한테서 그들의 의중
을 전해 듣고 함께 서로 자치문제를 협의하며 밤을 밝힌 적이 있다. 다음날
홍명희는 안재홍을 방문하여 신석우를 招致하여 대책을 협의한 결과, 급속
히 眞純한 民族黨을 조직하기로 결정하였다.[59]

위의 일제 자료는 신간회가 발기 · 창립되는 문제와 관련하여 많이 인용되
는데, 여기서 신간회의 발의자를 포함하여, 신간회가 발의되는 시점, 신간회
가 발의된 동기 · 목적을 분명하게 알 수 있다. 우선 신간회를 발의하는 출발
점은 홍명희에게서 비롯되어 안재홍을 거쳐 신석우 3인이 동의하였다.

둘째로 신간회를 발기하자는 논의가 시작된 때, 즉 신간회 발의가 논의되
는 기점은 오산학교 교장 홍명희가 '동기휴가' 기간 동안 서울에 올라온 무렵
이었다. 이 '동기휴가'는 매우 중요한 단서인데, 당시 오산학교의 학사일정을
근거로 판단하면, 홍명희가 서울에 체류하면서 신간회를 발의하고, 발기인의
일부를 선정하며 강령 · 규약 등을 이승복에게 부탁한 시점은 1926년 12월
26일부터 1927년 1월 6, 7일 사이였다.[60]

셋째로, 신간회가 발의되는 동기 · 목적은, 홍명희가 최남선[61]을 만나서

---

[59] 梶村秀樹 · 姜德相 編, 『現代史資料(29)』, みすず書房, 1972, 95쪽. 이 자료는 1926년
 말의 상황을 말한다. 여기서 '그들의 의중'이란, 동아일보사의 사장 김성수와 주필
 송진우, 천도교 최린 등이 총독부 要路者와 협의하여 조선에서 자치제도를 시행하기
 로 꾀한 일을 가리켰다.

[60] 김인식, 앞의 논문, 2009, 259~260쪽.

[61] 홍명희와 최남선은 1926년 말 현재 20년 지기로, 이 시기 두 사람 사이의 정치노선에
 차이가 컸다고 하더라도, 홍명희는 『百八煩惱』의 跋文을 쓸 만큼 최남선의 지인이었
 다. 홍명희에게 최남선은, 자치운동론자들이 정치조직을 결성하려는 움직임을 들을
 수 있는 통로였다. 류시현, 「東京三才(洪命熹, 崔南善, 李光洙)를 통해 본 1920년대

자치파들의 동향을 전해 들은 계기에서 비롯되었다. 이는 가장 중요한 바로, 신간회의 성격이 '진순한 민족당'으로서 좌익민족주의의 조직을 목표·지향 하였음을 말한다.

신간회의 강령은 총독부와 접촉하는 과정에서 몇 차례 수정을 거쳐[62] 발 기인대회를 연 날 공포하였다. 신간회 강령의 이념·정신을 규명하기 위해서 는 1927년 1월 19일 공개된 최종 강령에 이르기까지, 총독부의 검열을 거치는 과정을 살펴보아야 한다.[63] "綱領도 처음 〈我民族〉으로 세 번 반복해 썼다" 는 이승복의 회고를 참작한다면, 최초의 강령은 '아민족'으로 시작했겠지만 이 형태의 강령은 남아 있지 않다. 일제 측 자료를 중심으로 하여 현재까지 확인할 수 있는, 신간회의 강령이 수정되는 과정을 순서대로 정리하면 다음 과 같다.

(자료 E-1)

一. 朝鮮民族으로서 政治 經濟의 究竟的 解決을 圖謀함.

二. 民族的 團結을 鞏固히 함.

三. 妥協主義를 否認함.[64]

....

'문화정치'의 시대」,『韓國人物史硏究』 제12호, 한국인물사연구회, 2009, 346~352쪽.

[62] 신간회의 발기·창립과 관련하여 총독부와 절충하는 일은 신석우가 맡았다. 그는 강령·규약 등을 비롯한 허가교섭을 담당하여 "수삼차 거듭 수정에 수정을 가하여 결국에는 집회의 허가를 얻었다." 李源赫,「新幹會의 組織과 抗爭」,『思想界』1960년 8월호, 279쪽.

[63] 강령의 복원은 김인식, 앞의 논문, 2009, 262~265쪽에서 시도하였으므로, 이하 전거를 덧붙여 강령의 정신을 설명하였다.

[64] 朝鮮總督府警務局,「獨立運動終熄後二於ケル民族運動ノ梗槪」,『齋藤實文書』10, 1927; 高麗書林 復刊, 1990, 243쪽.

(자료 E-2)

첫째, 我等은 정치적 경제적 구경의 해결을 圖한다.

둘째, 我等은 단결을 견고하게 함을 목적으로 한다.

셋째, 我等은 기회주의 일체를 부인한다.[65]

(자료 E-3)

一. 오등은 정치적 경제적 각성을 제창함.

二. 오등은 단결을 공고히 함.

三. 오등은 기회주의를 부인함.[66]

(자료 E-4)

一. 우리는 政治的 經濟的 覺醒을 促進함.

二. 우리는 團結을 鞏固히 함.

三. 우리는 機會主義를 一切 否認함.[67]

---

[65] 「民族運動の有力者 新幹會を組織して 綱領を定め全鮮に 新運動を試圖みる」, 『大阪朝日新聞附錄朝鮮朝日』, 1927 [水野直樹, 「新幹會の創立をぬぐて」, 飯沼二郎・姜在彦 編, 『近代朝鮮の社會と思想』, 未來事, 1981, 294・315쪽에서 재인용].

[66] 앞의 「獨立運動終熄後ニ於ケル民族運動ノ梗概」, 245쪽. 사이토오 문서에는 국내 언론에 보도된 최종 강령까지 포함하여 세 개의 강령이 실려 있다. 이것이 중간 형태인데, 최종 강령과 거의 같다. 1항에서 '제창'이 '촉진'으로, 3항에 '일체'라는 말이 덧붙었을 뿐이다.

[67] 1927년 1월 19일 신간회는 발기인대회를 개최하고, 일제의 승낙을 받은 3개 항의 강령을 최종 채택하여 공표하였고, 강령과 발기인의 명단은 1월 20일자 『조선일보』・『동아일보』・『중외일보』에 보도되었다. 「民族主義로 發起된 新幹會綱領發表」, 『東亞日報』, 1927년 1월 20일자; 「劃時期的 會合이 될 新幹會 創立準備」, 『朝鮮日報』, 1927년 1월 20일자; 「民族主義團體 新幹會의 出現」, 『中外日報』, 1927년 1월 20일자.

2) 강령의 정신—좌익민족주의의 명문화

(1) 절대독립론과 좌익민족전선론

신간회 창립기 이승복의 활동은 강령이라는 정신, 규약이라는 조직 면에서 좌익민족주의의 이념과 조직구성을 확립·강화하는 데 목표를 두었다. 신간회의 강령은 좌익민족주의의 이념·노선을 명문화한 선언으로, 이는 그대로 당시 이승복의 사상이었다. 발기·창립기의 신간회가 '민족주의 좌익전선'을 표방하였으므로,[68] 이 당시 이승복의 이념 정향성도 좌익민족주의로 규정할 수 있다. 시대정신과 신간회의 목적을 밝히는 동시에, 총독부와 접촉해야 하는 현실도 반영하여 강령을 명문화하는 실무 작업은 이승복이 담당하였다. '我民族'·'朝鮮民族'을 '우리는'으로 표현하는 수사와 복선은, 총독부를 상대하는 고충 속에서 '제갈량'인 그가 창안한 어구였다.

그러면 신간회 강령에 반영된 좌익민족주의의 정신은 무엇인가. 이승복은 자신이 강령을 작성한 취의를 다음과 같이 회고하였다.

> (자료 F)
> 체코와 愛蘭 등지의 獨立運動의 취지를 참고하여 3大綱領이 정해졌습니다. … 綱領도 처음 〈我民族〉으로 세 번 반복해 썼다가 〈우리는〉으로 뜻을 완화했습니다. … 강령 3항은 東亞日報社 古下·仁村 중심의 研政會의 自治主義 폐단에 반기를 든 것이어서…[69]

---

[68] 신간회의 기관지·대변지라 불렸던『조선일보』는 신간회가 창립되기 이전부터 자치운동을 강하게 비판하였다. 앞서도 보았듯이, 신간회가 발기·창립되는 무렵에는 신간회의 노선을 '민족주의 좌익전선'·'좌익민족전선'으로 명백하게 규정·제시하였다. 김인식, 앞의 논문, 2007, 234~238쪽.

[69]『三千百日紅』, 166~167쪽.

　위의 회고에 따르면, 이승복이 작성한 최초의 신간회 강령의 문구는, 주어
가 '我民族' 또는 '조선민족'이었는데 (자료 E-1)에 형태가 남아 있다. 강령 2항
에서 주 단어인 '단결'은 최초 문구가 '민족적 단결'이었는데 '민족적'을 생략
하였고, 강령 1항의 최초 형태는 '구경 해결', 3항은 '타협주의'였다. 최종 강령
은 이러한 원의를 완화시켜 표현하였지만, '구경해결'이 정치·경제의 완전독
립과 해방을 가리키며, '타협주의'가 자치론·자치운동을 가리킴은 당시의 통
념이었다.

　신간회의 최종 강령은 총독부의 허가를 받는 과정에서 완화·추상화된 표
현으로 바뀌어 모호한 점이 분명 있었지만, 이것이 민족독립이라는 궁극의
지향점을 담았다는 데에서 조선민흥회의 강령보다는 진일보하였다.[70] 신간
회 강령[71]은 자치운동을 배격하고 민족문제의 '구경해결'을 지향하는 절대독
립의 시대의식을 반영하였다. 신간회운동은 타협주의인 자치운동을 배격하

---

[70] 조선민흥회발기준비회는 1926년 7월 15일 3개의 강령을 통과시켰는데, 이는 다음과
같다. "我等은 朝鮮民族의 最大利益을 爲하야 鬪爭함을 根本的 使命으로 함. 一. 我等
은 朝鮮民族의 總力量을 結合하야 組織的 活動을 期함. 一. 我等은 朝鮮民族의 當面
利益을 爲하야 現下 實情에 適當한 政策의 樹立及實行을 圖함" 「民興會 發起準備會」,
『朝鮮日報』, 1926년 7월 16일자. 이러한 강령의 '불온성' 때문에 민흥회는 창립 허가가
지체되다가, 신간회가 먼저 창립되자 신간회에 흡수·통합되었다. 민흥회의 강령을
신간회 강령과 비교하여 보면, 민흥회 강령이 단어 사용에서는 구체성을 띠었을지
모르나 민족해방이라는 구경의 과제를 포괄하지는 않았다. 이는 조선민족의 최대이
익을 근본사명으로 하고, 조선민족의 총역량을 위하여 조직 활동을 하고, 조선민족의
당면이익을 위한 정책을 수립하고 실행한다는 내용이었다. 이에 비하면, '우리는'으
로 시작하는 신간회의 강령은 비록 모호하더라도, 이것이 민족독립이라는 궁극의 지
향점을 담았다는 데에서 조선민흥회의 강령보다는 진일보하였다. 김인식, 앞의 논문,
2009, 265~267쪽.

[71] 신용하는, 신간회 중앙본부의 강령과 지방지회 강령에 기초하여 신간회의 사상과
이념을 ① 한국민족의 정치적 완전독립, ② 한국민족의 경제적 해방, ③ 전민족의 총
단결, ④ 모든 자치운동의 부인, ⑤ 일제와 타협한 모든 개량주의운동 배격, ⑥ 전민족
의 현실적 공동이익 실현 등의 6가지로 파악하였다. 신용하, 앞의 책, 55~58쪽.

고, 민족 안의 계급문제를 민족문제화하여 절대독립을 추구하던 민족운동이
었다.[72] 달리 말하면, 민족 안의 계급문제를 인정하고, 이를 민족통합의 관점
에서 해결하려 하였다.

신간회 강령의 1항에서 중요한 점은 '정치적 각성'과 함께 '경제적 각성'을
촉구한 면이다. '각성' 자체가 독립·해방을 궁극의 지향점으로 삼았지만, 일
제의 경제 침략의 본질을 꿰뚫어보면서,[73] 비록 식민지지배 체제 안에서라
도 민족의 자생·자활 능력을 키워나가겠다는 의도를 담았다. 이 점에서 '경
제적 각성'은 적절한 표현이었다.

이는 「신간회선언 초안」에서 분명하게 확인할 수 있다. 이 초안은 행동문
제에서도 "우리들의 이해와 현재 정치의 사이에 근본적 모순이 있음을 민중
에게 인식시키려고 노력해야 함"을 강조하면서, 10개 항의 구체사항을 들었
다. 이 가운데 조선생산품 사용의 장려를 선전함, 일본 이민을 반대함, 농촌
에 가내공업을 장려하여 농촌진흥을 기함, 경제적 실제통계를 조사연구하여
구체적 대책을 강구함, 만주이주동포의 산업적 실황을 조사하여 그의 원조책
을 강구함, 남부와 중부의 농민이 북부로 이주하도록 장려하여 가급적 국내
인구밀도의 조화를 기함 등 무려 6개 항이 경제문제와 관련되어 있었다.[74]
이렇게 신간회의 좌익민족주의자들은 경제문제를 '구경 해결'하는 전제로서

---

72) 김인식, 앞의 논문, 2012, 170쪽.
73) 신일철은 이를 "民族 獨立과 近代化에 이바지하겠다는 뜻"으로 이해하면서, 이를 좀
    더 구체화시켜 '정치적 각성'은 항일·민족독립과 정치적 민주주의의 성취 두 가지를
    뜻하며, '경제적 각성'은 사회주의 영향을 받아 일제 식민주의와 경제침략의 본질을
    자각하고 경제근대화의 운동을 지향함을 뜻한다고 설명하였다. 申一澈, 「맑시즘과
    韓國·新幹會 運動의 思想史的 側面」, 『(東國大學校開校60周年記念 學術심포지움論
    文集) 韓國近代化의 理念과 方向』, 東國大學校, 1967, 8쪽.
74) 「新幹會宣言草案」, 朝鮮總督府警務局 編, 『朝鮮の治安狀況』 1927年版, 不二出版,
    1984年 3月 復刻版 發行.

'각성'의 구체안을 마련하여 실천하려 하였다. 이러한 구체안은 민족 내부의 계급문제를 민족문제화하려는 시도였다.

나머지 4개 항은 한글을 보급하여 문맹퇴치를 기함, 일본인화 교육을 배척함, 조선역사의 교재가 되는 서적을 간행함, 학생들의 사상적 혼돈을 순화하자는 내용이었다. 이 4개 항에서도 민족정체성 확립을 매우 중시하였음을 알 수 있다. 민족의식을 고취함이 신간회운동의 중요한 목표였고, 이는 바로 '민족통합'의 중요한 전제였다. 그리고 「신간회선언 초안」은 사회문제(기층민중 뿐 아니라 조선인 산업 등의 문제)를 민족문제화하는 논리를 보이고 있다. 이를테면 일본인화 교육을 배척하고 조선인 본위의 교육을 주장하는 교육문제는, 교육에서 조선인 기층민중이 소외되는 계급현상일 뿐만 아니라, 교육내용에서도 동화정책을 강요하는 민족문제이기도 하였다.

그러나 위의 초안에 보이는 방책들이 농민·노동자 문제에 적극성을 보이지 않았음도 사실이다. 이러한 소극성은 지회의 적극 활동으로 극복되어 나갔는데, 대표되는 예로 1927년 12월 신간회 동경지회가 작성한 「運動方針에 關한 意見書」는 24개 항의 정책을 제시하였다. 여기에는 언론 집회 출판 결사의 자유, 조선민족을 억압하는 일체 법령의 철폐, 拷問제도 폐지와 재판의 절대 공개, 일본이민 반대, 부당 납세 반대, 산업정책의 조선인 본위, 동양척식주식회사 폐지 등 정치투쟁의 구호뿐 아니라, 단결권·파업권·단체계약권의 확립, 경작권의 확립, 최고소작료의 公定, 소작인의 노예적 부역 폐지, 소년과 부인의 夜業勞動·坑內노동과 위험작업의 금지, 8시간 노동실시, 最低賃銀 최저봉급제의 실시, 衡平社員과 奴僕에 대한 일체 차별 반대 등 노동·농민 문제에 진전된 문제의식을 보이고 있었다.

조지훈은 이를 "新幹會는 民族共同戰線으로 當時의 現實을 把握한 民族社會主義 政黨으로서 面目과 意慾이 躍如한 바 있다. 그리고 그것이 合法運動

이면서도 매우 非妥協的이요, 鬪爭的이며 急進的인 政策이었다는 것을 알 수 있게 된다."고 높이 평가하였다.[75] 조지훈이 평가한 바대로, 신간회는 해체되기까지 '민족사회주의 정당'으로 자기 규정성을 가지면서 발전하였지만, 식민지체제 아래 노동자·농민·도시빈민 등 기층민중을 위한 정책화는 좌익민족주의자들이 보강해야 할 분야였다.

다음 강령의 2항이 의미하는 바를 살펴본다. 이의 내용과 실체는 2장에서 검토한 신간회운동의 방향성, 즉 민족주의 좌익전선과 관련이 있었다. 강령의 1항과 3항이 총독부와 교섭하는 과정에서 수정되었지만, 2항의 "단결을 공고히 함"은 바뀌지 않았다. 언뜻 보아 '단결'이라는 말은 분명한 듯하면서도 매우 추상성을 띤 단어이다. 이 말 자체가 그대로 목적과 수단을 나타내는 이중성을 띠었기 때문이다. 다음 절에서 다시 보겠지만, 동아일보 계열이 제1차 연정회를 시도하면서 내걸었던 구호도 '단결'·'대동단결'이었다. 겉으로 볼 때 '우리 민족'·'조선민족'의 대동단결임은 의심할 여지가 없다. 그런데 『동아일보』는 이를 실현하는 방법으로 '중심세력의 作成'을 제시하였고 연정회는 이를 실현하려는 정치결사였다. 이들은 이른바 '중추계급'을 중심으로 정치·경제·교육의 결사를 일원화한 연정회를 결성하여 자치권을 획득하려 하였다. 『동아일보』는 이를 '대동단결'이라는 용어로 표현하였다.

그러면 신간회 강령 2항의 '단결'은 무엇을 뜻하는가. 이의 지향점이 당시 시대어였던 '民族的 總力量'이었음은 분명하지만, 이를 달성하는 방법·구체안으로서 신간회는 어떠한 성격의 단결체를 지향하였는가. 이는 바로 좌익민족전선의 구체화였다. 신간회는 좌익민족전선의 구심점이 됨으로써 자치운동의 배후 세력인 문화주의자─동아일보 계열에 대항하여 절대독립을 지

---

75) 趙芝薰, 「韓國民族運動史」, 高大民族文化硏究所 編, 『韓國文化史大系』Ⅰ, 高大民族文化硏究所, 1964, 783쪽.

향하려 하였다. 신간회는 창립 대회의 날, 단결을 더욱 공고히 하는 모습을 보이기 위하여 규약을 무수정 통과시켰는데,[76] 이때 단결은 막연한 추상이 아니라 좌익민족주의자들의 단결을 가리켰다. 신간회는 절대독립을 궁극목 표로 삼아 타협주의=자치운동을 기회주의로 부인·배격하는 좌익민족전선 의 구심체가 되려 하였다.

신간회의 규약[77]에 규정된 중앙집권제와 총무간사제, 조직원리인 개인가 입제는 좌익민족주의 조직으로서 신간회가 가지는 중요한 특징이었다. 이승 복은 신간회 조직의 특성을 규약에 관철시키려 하였다. 이 점에서 창립 당시 신간회는 명목상 회장제로 출발하였지만, 실상은 총무간사회의 권한이 매우 큰 총무간사제였다. 신간회는 운영의 주도권과 실권을 사실상 총무간사회가 장악하였다. 이는 민족주의 좌익전선을 형성하려는 전략과 깊은 관계가 있 었는데, 당시 좌익민족주의자는 총무간사회를 통하여 신간회에서 좌익민족 주의 노선을 관철시키려 하였다. 신간회를 주도한 조선일보계는 실지 간사 회와 총무간사회를 장악함으로써 창립기의 신간회를 운영하였다.[78]

(2) 反연정회와 反자치주의

신간회가 창립되는 배경을 논할 때 '反자치론'을 강조함은 이제 통설이 되 었지만, 자치론은 일제가 표방한 '문화정치'에 순응한 하나의 양태로서 정치 성을 띤 측면을 강조한 데 초점이 있을 뿐이다. 이러한 타협주의를 가리키는

---

[76] 「熱中한 會衆-討議로 徹夜」, 『朝鮮日報』, 1927년 2월 17일자; 李炳憲, 「新幹會運動」, 195쪽. 이병헌에 따르면, 규약을 무수정 통과시킨 이유는 더욱 단결을 공고히 하려는 의도였다.
[77] 신간회의 전체 규약, 즉 규칙은 全文 25개 조의 규약, 2개 조의 임시규약, 13개 조의 대회규정, 14개 조의 지회규정으로 되어 있다.
[78] 이는 김인식, 앞의 논문, 2009, 268~275쪽.

근본개념을 당시 사용하였던 용어로 규정하면 '문화주의', 이의 실천인 '문화운동'이 타당하다고 본다.

　앞서도 보았듯이,『동아일보』는 창간사를 대신하여 장덕수가 집필한「主旨를 宣明하노라」에서 3大 主旨를 천명하였는데,[79] 세 번째가 "文化主義를 提唱하노라"였다. 이 문화주의는『동아일보』가 지향하는 행동목표를 보여주며 社是의 성격을 지녔다. 자치운동의 근본노선은 동아일보 계열이 일관한 문화주의였으며, 문화운동은 이의 실천 형태였다.[80] 1920년대 초반의 문화운

----

[79]『동아일보』의 3대 주지를 분석한 연구는 崔民之 · 金民珠 共著,『日帝下 民族言論史論』, 日月書閣, 1978, 51~58 · 68쪽 참조.
[80] '문화운동' · '문화파'라는 개념은 1920년 이후 식민지조선의 언론에서 일반으로 쓰였는데, 한 연구자는 이를 "독립문제에 대한 궁극적인 해결책으로서 문화 · 경제 양 측면의 장기적 국가발전을 강조했던 점진적 민족주의자운동에 대한 총칭"이라고 규정하고, 이들 '점진적 민족주의'를 '문화적 민족주의'(Cultural Nationalism)로 명명했다. 1920년대 당시 언론은 민족주의 단체들이 추진하는 다양한 문화 · 교육 운동 계획을 '문화운동'이라 일컬었다. 한편 '문화파'라는 개념은 식민지 언론에서 좌파 비평가들이 '점진적 민족주의자'들을 조롱하여 사용하였다. M. 로빈슨 著, 앞의 책, 19~34, 106쪽. 그러나 자치운동으로써 자치권이라는 식민지권력을 획득하려 했던 이들을, 문화 · 경제의 측면에만 한정시켜 '문화적 민족주의'로 규정함은 한계가 있다. 당시에 사용하였던 용어대로 '타협' · '개량'이라는 용어가 더 타당하다. 한편 강동진은 문화운동을 "민족해방운동의 하나로서 민족주의자가 외친 것이 아니라, 총독부 권력이 민족주의 右派를 뒤흔들어서 빚어진 점진주의적 · 타협적 요소를 이용해서 지배체제 쪽으로 끌어들여 그들로 하여금 민중의 치열한 반일 · 독립을 志向하는 의사를 대일 타협의 방향으로 유도해서 민족독립운동을 去勢시키려 한 민족분열정책의 하나였다."고 규정하였다. 姜東鎭, 앞의 책, 386쪽. 한편 박찬승은 "3 · 1운동 직후 일제의 새로운 식민지 지배정책인 '문화정치'의 공간에서 전개된 이른바 '문화운동'이란 청년회운동 · 교육진흥운동 · 물산장려운동 등 '문화적 실력양성운동'을 총칭하는 것"이라 규정하였다. 그리고 이를 부연하여, "1920년대 초반의 문화운동이란 무력을 통한 독립운동 혹은 민중시위를 통한 독립운동이 아닌 문화적인 실력양성을 통한 독립의 도모라는 의미에서 사용된 용어였다. 따라서 당시의 청년회운동 · 교육진흥운동 · 물산장려운동 · 민족성개조운동 등은 모두 한덩어리로 문화운동이라고 불렸던 것이다."고 설명하였다. 박찬승,「국내 민족주의 좌우파 운동」,『한국사 - 민족해방운동의 전개 1』15, 한길사, 1994, 122쪽. 이들 민족개량주의자들은 朝鮮總督府가 '文化政治를

동은 일제의 지배정책과 밀접한 연관성을 가지고 진행되었고,[81] 이 한복판에 동아일보 계열이 있었다.

신간회운동이 정점에 달했을 때『조선일보』의 사설이 적절하게 지적하였듯이, 당시 "朝鮮人의 言論機關은 營利를 目的하지 안코 本來부터 政治的 武器의 使命을 씌고 建設된 것과 가티",[82] 신문의 논조를 근본에서 보면, 민족운동을 자임하는 당시 민간지들 사이의 민족운동 노선 즉 정치노선의 차이를 반영하였다. 1920년대의『동아일보』가 일제의 문화정치와 연관되어 있었음은 부인할 수 없는 사실이었다. 자치론·자치운동은 문화주의의 정치 노선이었고,『동아일보』는 이를 위한 '정치적 무기'였다. 다 아는 바와 같이, 신채호가 「朝鮮革命宣言」(1923. 1)에서 자치운동과 문화운동을 연계시켜 강하게 비판함은 문화운동의 본질을 꿰뚫어 보았기 때문이다.

좌익민족주의자들이 신간회를 창립한 당면목표는 자치운동을 배격하는데 있었고, 자치운동의 뿌리는 동아일보사의 문화주의였다. 이승복은 강령 3항의 의미를 설명하면서, '타협주의'='기회주의'가 자치주의임을 지적하였고, 이를 연정회까지 소급시켜 인식하면서, 이의 주도인물과 주도체로 송진우·김성수와 동아일보사를 지목하였다. (자료 F)에서 이승복이 동아일보사·송진우·김성수·연정회=자치주의를 순차로 말함은 사실 그대로 깊은 의미가

달성하기 위한 운동이라는 뜻으로 내건 '文化運動(이른바 威力을 동반한 문화운동)이라는 용어와, 이의 목표로 내걸었던 '실력양성'·'민족성 개조'·'참정권 획득' 등의 구호를 아무런 비판 없이 수용하였다. 강동진, 위의 책, 385~388쪽.

[81] 박찬승은, 1920년대 초 문화운동이 일제의 지배정책과 밀접한 관련이 있으며, 일제의 유도공작에 타협하여 시간이 흐를수록 체제 내의 운동 즉 친일어용 운동의 방향으로 귀결되었고, 이는 일제의 '체제내화 공작'뿐 아니라, 본질에서는 문화운동 자체가 가지고 있는 '개량주의적' 운동노선에서 비롯되었음을 지적하였다. 이러한 문화운동의 성격은 박찬승, 앞의 책, 295~304쪽을 참조.

[82] 「言論機關政策의 必要」,『朝鮮日報』, 1928년 2월 4일자 社說.

담겼는데, 이는 뒤부터 읽을 필요가 있다. 자치주의는 연정회를 결성하려는 시도로 표출되었고, 이러한 움직임의 배후에는 송진우·김성수가 주도하는 동아일보사가 있었다. 이승복은 바로 이 점을 가리켰다.

'타협'과 '비타협'의 구분점은 여러 가지가 있었겠지만 자치론·자치운동이 가장 중요한 계선이었다. 1924년 초의 한 세태비평에 따르면, 문화운동(=實力運動)을 제창하는 문화운동자들은 '民族一致'·'大同團結'을 주장하면서, 더욱이 "一九二四年 今年에 드러와서는, 그 主張이 漸漸漸 分明해저서, 印度의 國民議會(밧구어 말하면 朝鮮議會), 菲律賓의 獨立請願問題가튼 것을 써들어 낸다."고 분명하게 지적하였다.[83]

자치운동론은 민족운동의 방향을 자치의회의 구성, 혹은 일보 나아가서 '내정독립'을 추진하는 운동으로 전환하자는 데에서 일치점을 지녔는데,[84] 동아일보 계열의 자치운동은 이른바 연정회로 표현되었다. 연정회라는 단체가 세간에 오르내리기는 제1차 연정회와 제2차 연정회 운동으로 불리는 1924년 1월과 1926년 9월 무렵의 두 차례 정도였다. 그러나 제1차 연정회 이후 '연정회'라는 단어는 1920~30년대 초 사이에 '민족주의 우파'가 진행한 자치운동을 지칭하는 단어로 사용되었고,[85] 이의 중심에는 『동아일보』와 송진우가 있었다.

송진우는 1922년부터 『동아일보』의 사설 「政治와 中心勢力」(1922. 7. 6)·「民族的 自覺을 促하라」(1922. 7. 25) 등에서 "中心勢力이 없으면 革命도 政

---

83) 「漸漸漸 異常해가는 朝鮮의 文化運動」, 『開闢』 第四十四號(1924년 2月號), 2~3쪽.

84) 자치론에는 '준비론'과 '단계적 운동론'이라는 두 가지 논리가 있었다. 준비론은 "현재로서는 독립이 불가능하므로 독립의 기회를 대비한 준비가 필요하다"는 주장으로 『동아일보』가 이를 대변하였으며, 이러한 주장을 가장 명확하게 표출한 논자는 송진우였다. 두 가지 자치론을 설명한 내용은 박찬승, 앞의 책, 325~330쪽.

85) 沈在旭, 「1920~30년대 초 古下 송진우의 사상과 활동」, 『한국민족운동사연구』 22, 1999, 224쪽.

治運動도 없다"며 '정치적 중심세력'의 결성을 주장하였다. 이후 연정회가 논의되고 있던 무렵인 1923년 11월에도 『동아일보』의 사설 「中心勢力作成의 必要」(1923. 11. 2)에서도 "中心勢力이 될 만한 團體가 出現하기를 絕叫"하면서 연정회의 출현을 기대하였다. 그는 1차 연정회 논의가 좌절된 이후 발표한 글에서도, "三一運動의 實際的 經驗을 考察"하면서 "이 運動을 統一 繼續할 만한 中心的 團結力이 不足하엿든 것"을 지적하고, "「힘」곳 團結力을 準備"하라고 촉구하였다.[86] 이 또한 '중심세력의 결집'을 촉구하는 논리로, 여기서도 그가 연정회와 같은 조직을 의도하였음을 알 수 있다.

제2차 연정회는 1차 때와는 달리 총독부와 밀접한 관계를 유지하면서 진행되었는데, 이때도 논의의 중심에 송진우가 있었다. 송진우는 태평양문제회의에 참석하고 귀국한 이후인 1925년 7월, 사이토오 총독의 정치참모인 아베 미수카(阿部充家)에게 서한을 보내어 '右傾的 政黨', 즉 2차 연정회 조직을 논의하겠다는 시사를 보내는 등 이미 이때부터 총독부 측과 연락하면서 제2차 연정회 즉 자치운동을 꾀하였다. 송진우는 1927년 말경 『朝鮮及滿洲』의 발행인 샤쿠오 슌죠(釋尾春芿=釋尾東邦)와 가진 인터뷰에서도 "朝鮮에 朝鮮議會를 만들어 예산은 물론이오, 조선의 정치는 조선인으로서 논의할 수 있게 해 주었으면 좋겠다고 생각한다."고 말하는 등 자치운동을 포기하지 않았다. 송진우·동아일보 계열의 준비론은, 일제와 타협주의 노선을 견지하면서 自治를 획득하고 '國際情勢의 變化'를 이용해 독립을 획득한다는 기회론이었다.[87]

이광수의 「민족적 경륜」도 연정회 구상과 관계가 있었다. 당시 이광수와 김성수의 긴밀한 인간관계는 세상에 널리 알려진 터였으므로, 비판자들은

---

86) 宋鎭禹, 「最近의 感 : 무엇보다도 '힘'」, 『開闢』 第四十六號(1924年 4月號), 92쪽.
87) 이상의 연정회와 송진우의 자치론은 沈在旭, 앞의 논문, 1999, 225~231쪽.

이광수의 「민족적 경륜」이 여론의 향배를 타진하기 위해 연정회에서 띠운
애드벌룬이라고 의심하였다.[88] 다 아는 바와 같이, 이광수는 자신이 집필한
「民族的 經綸」을 『동아일보』 지상(1924년 1월 2~6일자)에 논설로 5회에 걸쳐
연재하였다.[89] 더욱 중요한 바는, 「민족적 경륜」보다 하루 앞선 사설이었다.
1924년 벽두 『동아일보』는 '대동단결'의 민족대의를 내걸고 '중심세력 작성'
을 주장하며 출발하였다. 「민족적 경륜」 스스로 "그것은 우리가 昨日 新年號
에도 主張한 바와 같이 오직 團結의 一路가 있을 뿐이다."[90]고 지적하였듯이,
1924년 신년호 사설[91]은 '중심세력 작성'의 문제를 제기하였고, 「민족적 경
륜」은 이에 구체안을 제시하였다. 이 「민족적 경륜」은 신년 사설의 논지를
그대로 되받아, 정치·산업·교육의 결사를 주도하는 중심세력을 결성하자
고 호소하였다.

　연정회와 신간회가 모두 '단결'을 외쳤지만, 이의 실체는 달랐다. 신간회의
단결은 좌익민족전선을 기치로 '전위분자'를 결속하려 하였으며,[92] 연정회는
'중심세력'의 단결로 자치운동을 지향하였다. 「민족적 경륜」은 일본의 통치
권을 승인하는 조건의 정치활동(참정권과 자치권 운동)을 예로 들면서, 일본
을 적국시하지 않는, 즉 일본의 통치권을 승인하는 합법결사를 제안하였다.

---

[88] M. 로빈슨 著, 앞의 책, 220쪽.

[89] 「民族的 經綸」, 『李光洙全集』 17, 三中堂, 1966, 272~280쪽.

[90] 「民族的 經綸」, 272쪽.

[91] 「웃고 새해를 맛자」, 『東亞日報』, 1924년 1월 1일자 社說. 이 사설의 요점은 '중심세력
의 작성'을 통한 '대동단결'이었다. "自立自尊하는 精神을 가지고 大同團結의 旗幟下
에서 中心勢力을 作成하라 함이다."와 같이, '대동단결'·'중심세력'을 병행하여 3회씩
이나 반복하였다.

[92] 『조선일보』는 "政治的 前衛分子를 糾合하는 것이, 組織過程의 初期에 잇는 同會의 行
事이라 하거니와, 前衛分子의 糾合 및 統一이 우선 當面의 急務이오"라고 주장하였다.
「新幹會의 京城大會 - 注目을 끌을 이 會合」, 『조선일보』, 1927년 12월 10일자 社說.

이것은 '정치적 중심세력'을 만드는 일이었다. 그렇기에 5일째(1월 6일자) 마지막 사설에서 "政治的 結社는 全朝鮮民族의 中心勢力이 되기를 期約하여야 할 것이니, 이 結社의 意見이 곧 朝鮮民族의 意見이요, 이 結社의 行動이 곧 朝鮮民族의 行動이 되기를 期約하여야 할 것이다."고 다시 강조하였다.[93] 이 중심세력을 作成하기 위하여 동아일보 계열은 연정회를 기도하였다.

　이승복이 동아일보사에 관계한 적이 있었는데, 이는 홍명희가 동아일보사에 재직하던 시기와 일치한다. 앞서도 언급하였듯이, 이승복은 1924년 5월 동아일보사 조사부장으로 入社하였는데, 여기에는 홍명희와 신사상연구회에서 함께 활동하였던 인맥이 작용하였다. '대정' 연호조차 쓰기 싫어하는 이승복의 철저한 비타협성은, 국내에 돌아와 신사상연구회에 가담하여 민족운동의 방향을 모색하던 중, 문화주의에 기반을 둔 『동아일보』를 더욱 내켜 하지 않았겠지만, 한때 동아일보사에 몸담았던 동안 동아일보의 문화주의=타협주의를 확인하는 계기가 되었으리라 생각한다.

　애초 홍명희가 1924년 5월 동아일보사 取締役인 주필 겸 편집국장에 취임한 동기, 따라서 이승복이 동아일보사에 입사한 배경은 당시 동아일보사의 위기 상황과 관련이 있었다. 「민족적 경륜」이 민족개량주의를 표명하자, 이는 해내외의 반발에 부딪혀 『동아일보』 불매운동이 일어나는 상황에 직면하였고, 이른바 '朴春琴 협박 사건'에 사주 김성수와 사장 송진우가 미온스럽게 대처하자, 기자들이 사내 개혁운동에 나섬으로써 동아일보의 사내 위기는 가중되었다. 이에 사측은 미봉책으로 사장 송진우의 사표를 일단 수리하고, 민족주의자로 유명한 南岡 李承薰을 사장으로 영입하면서 홍명희를 초빙하였다. 사내 간부진이 대폭 개편되고, 비타협 민족주의자와 사회주의 계열의

---

93) 「民族的 經綸」, 278쪽.

청년 기자들이 재직하게 되어 사내 분위기가 일신되는 듯하였다.

　1920년에서 1923년 사이『동아일보』의 압수 횟수가 연평균 15회이었으나, 1924년 한해에 56회로 늘어난 사실이 이를 단적으로 반영한다. 그러나 두 가지 문제로 불거진 사내 분규가 일단 진정되자, 사주 김성수는 여론 무마용으로 초빙했던 사장 이승훈을 불과 5개월만인 1924년 10월 고문직으로 밀어내고 직접 사장으로 들어와 경영과 편집의 전권을 장악하였다. 김성수가 복귀하자, 동아일보사에서 뜻을 펼 수 없게 된 홍명희는, 1925년 4월 동아일보사를 사직하고 주위의 뜻 있는 사람들과 재단을 구성하여『시대일보』를 인수하여 자리를 옮겼다. 홍명희의 후임으로 송진우가 주필에 임명됨으로써 동아일보는 이전의 김성수·송진우 체제로 다시 돌아갔다.[94] 이는『동아일보』가 다시 민족개량주의 노선으로 복귀하였음을 뜻하였고,[95] 이승복은 홍명희를 따라 시대일보사의 상무이사로 자리를 옮겼다.

5. 맺는말

　신간회가 출범하는 데에는 '民世·碧初系'의 활동이 중요한 동력이 되었다. '民世·碧初系'는 신간회를 발기·창립하면서 신간회가 해체될 때까지 신간회 안에서 단일 세력을 형성하였다. 민세계가 조선일보 계열이라면, 벽초계는 신사상연구회-화요회-정우회로 이어지는 非공산주의 계열의 사회주의 성향의 민족운동세력이었다. 홍명희·이승복은 조선공산당 조직에 가담하

[94]『東亞日報社史』卷一, 232~238·244~246·423~425쪽.
[95]『동아일보』의 이러한 움직임을 간파한 신채호는 홍명희에게 강력하게 퇴사를 권하는 편지를 보내기도 하였다. 홍명희의 동아일보 재직 시기는 강영주, 앞의 책, 159~168쪽을 참조.

지 않았으며, 이의 표면단체에서 사상운동에 참여하였다. 이승복은 정우회에서 출발하여 조선일보 계열의 민족운동으로 지평을 이동하였다.

안재홍과 홍명희는 신간회를 민족주의 좌익전선으로 발의한 최초의 두 주역이었으나, 두 사람과 인맥을 맺고 막후에서 신간회를 발족시키는 데 주력한 또 한 사람은 이승복이었다. 그는 신사상연구회-화요회-정우회 계열로 이어지며 홍명희와 맥을 형성하였고, 조선일보사의 영업국장으로 재직하면서 안재홍과 신간회운동·민족언론운동에서 사상과 노선을 함께 하였다. 이승복은 벽초계로 신간회에 가입하였으나 신간회를 좌익민족주의 조직으로 완성시켰고, 신간회가 창립된 후 조선일보사에 몸담음으로써 민세계의 좌익민족주의자로서 신간회와 언론민족운동에서 활동하였다.

신간회 창립 당시 조선일보 계열의 인물들이 신간회의 이념·정신을 정립하고(안재홍), 이를 강령·규약에 명문화하여 발기·창립의 조직화를 담당하였으며(이승복), 총독부와 접촉하여 신간회의 허가를 받는 섭외 활동(신석우)을 벌이는 등 중요한 세 부면에서 신간회 창립을 주도하였다. 조선일보의 주필인 안재홍은 본디 성격상 조직 활동과는 거리가 멀었으므로, 신간회의 이념과 방향성을 이론으로 정립하는 데 주력하여 좌익민족전선·민족주의 좌익전선을 제창하였다. 이승복은 이러한 좌익민족주의 이념을 강령과 규약으로 명문화하고, 신간회 중앙조직을 완성하는 초기 조직화의 일을 맡아 수행하였다.

이승복은 신간회를 발기·창립하는 초기의 조직화 과정에서 신간회 중앙조직을 완성하는 데 주력하였다. 그는 좌익민족주의자들을 신간회에 포진시키고 자금을 동원하는 등 조직화의 과제뿐만 아니라, 신간회의 강령과 규약을 작성하여 신간회 운동의 방향성을 정립하였다. 첫머리를 '우리는'으로 시작하는 3개 항의 강령에서, 그는 절대독립의 정신을 못박았고, 동아일보 계열로 대표되는 문화주의-자치운동을 배격하는 정신을 천명하였다.

　이승복이 작성한 신간회 강령의 정신은 절대독립과 경제해방을 목표로 일체의 타협주의, 무엇보다도 자치운동을 배격하였다. 강령 1항에서 중요한 점은 '정치적 각성'과 함께 '경제적 각성'을 촉구한 면이다. 이는 궁극에서 경제해방을 가리켰지만, 일제 침략의 경제상의 본질을 꿰뚫어보면서 민족의 자생·자활 능력을 키우는 방안을 강구·도모한다는 뜻이었다. 강령 2항의 '단결'은 좌익민족전선을 중심으로 한 단결을 가리켰는데, 이를 관철시키기 위하여 규약에서는 중앙집권제하의 총무간사제, 조직원리로서 개인가입제를 규정하였다. 강령의 3항은 자치운동을 추진하는 연정회와 이의 배후인 동아일보 계열을 겨냥하면서, 일체의 타협주의 노선을 배격하였다. 이러한 신간회 강령의 정신은 비타협 민족주의 관점에서 대중을 훈련·조직화하여 절대독립과 경제해방을 지향하였다.

참고문헌

姜東鎭, 『日帝의 韓國侵略政策史』, 한길사, 1980.

강영주, 『벽초 홍명희 연구』, 창작과비평사, 1999.

김영범, 『의열투쟁 – 1920년대』Ⅰ, 독립기념관 한국독립운동사연구소, 2009.

金俊燁・金昌順 共著, 『韓國共産主義運動史』2, 청계연구소, 1986.

김진석, 『우충좌돌 – 중도의 재발견』, 개마고원, 2011.

김희곤・강윤정, 『잊혀진 사회주의운동가 이준태』, 국학자료원, 2003.

『東亞日報社史』卷一, 東亞日報社, 1975. 4.

M. 로빈슨 著, 김민환 譯, 『일제하 문화적 민족주의』, 나남출판, 1990.

梶村秀樹・姜德相 編, 『現代史資料(29)』, みすず書房, 1972.

박찬승, 『한국근현대정치사상사연구 – 민족주의우파의 실력양성론』, 역사비평사,
        1992.

신용하, 『신간회의 민족운동』, 독립기념관 한국독립운동사연구소, 2007.

윤민재, 『중도파의 민족주의운동과 분단국가』, 서울대학교 출판부, 2004.

윤우 엮어지음, 『서울 한복판 항일시가의 용장 : 김상옥 의사』, 백산서당, 2003.

崔民之・金民珠 共著, 『日帝下 民族言論史論』, 日月書閣, 1978.

李仁, 『半世紀의 證言』, 明知大學 出版部, 1974.

이현주, 『한국 사회주의세력의 형성 – 1919~1923』, 일조각, 2003.

平洲 李昇馥先生 望九頌壽紀念會, 『三千百日紅 – 平洲 李昇馥先生八旬記』, 人物研究
        所, 1974.

김인식, 「植民地時期 安在鴻의 左翼民族主義運動論」, 『白山學報』第43號, 白山學會,
        1994.

_____, 「신간회의 창립과 민족단일당의 이론」, 『白山學報』第78號, 白山學會, 2007.

_____, 「이승복과 신간회 창립기의 조직화 과정」, 『한국민족운동사연구』58, 한국민
        족운동사학회, 2009.

_____, 「이승복과 신간회 강령의 이념・노선」, 『한국민족운동사연구』62, 2010.

_____, 「신간회의 통합정신」, 사회통합위원회 편, 『우리 역사 속의 사회통합』, 사회통
        합위원회, 2012.

박찬승, 「국내 민족주의 좌우파 운동」, 『한국사 – 민족해방운동의 전개 1』15, 한길사,
        1994.

박철하, 「1920년대 전반기 '중립당'과 무산자동맹회에 관한 연구」, 『崇實史學』 第13輯, 崇實大學校 史學會, 1999.

朴哲河, 「1920年代 社會主義 思想團體 硏究」, 崇實大學校 大學院 史學科 博士學位論文, 2003.

류시현, 「東京三才(洪命熹, 崔南善, 李光洙)를 통해 본 1920년대 '문화정치'의 시대」, 『韓國人物史硏究』 제12호, 한국인물사연구회, 2009.

이문원, 「平洲 李昇馥과 新幹會運動」, 『애산학보』 33, 애산학회, 2007.

水野直樹, 「新幹會の創立をめぐって」, 飯沼二郎・姜在彦 編 『近代朝鮮の社會と思想』, 未來社, 1981.

申一澈, 「맑시즘과 韓國 – 新幹會 運動의 思想史的 側面」, 『(東國大學校開校60周年記念 學術심포지움論文集) 韓國近代化의 理念과 方向』, 東國大學校, 1967.

沈在昱, 「1920~30년대 초 古下 송진우의 사상과 활동」, 『한국민족운동사연구』 22, 1999.

_____, 「雪山 張德秀의 文化運動과 社會認識, 1912~1923」, 『한국민족운동사연구』 28, 2001.

신용하, 「평주 이승복의 생애와 사상과 민족운동」, 수당 이남규선생기념사업회 주최, 『평주 이승복선생 서세삼십주년기념 학술대회 : 평주 이승복의 생애와 독립운동』, 2008.

오영섭, 「해방 후 平洲 李昇馥의 신국가 건설운동」, 『崇實史學』 24, 崇實史學會, 2010.

이애숙, 「1922~1924년 국내의 민족통일전선운동」, 『역사와 현실』 제28호, 한국역사연구회, 1998.

정진석, 「이승복의 항일 민주 언론활동」, 『평주 이승복선생 서세삼십주년기념 학술대회 : 평주 이승복의 생애와 독립운동』, 2008.

趙東杰, 「修堂 李南珪 선생의 독립정신과 유지」, 民族文化推進會, 『修堂 李南珪 先生의 독립정신과 詩의 세계』, 民族文化推進會 修堂集 完譯 紀念學術講演會, 1999.

趙芝薰, 「韓國民族運動史」, 高大民族文化硏究所 編, 『韓國文化史大系』 Ⅰ, 高大民族文化硏究所, 1964.

일제강점기 정세권의 도시개발과 민족운동

김경민 (서울대학교 환경대학원 환경계획학과 부교수)

이지은 (서울대학교 환경대학원 환경계획학과 박사과정 수료)

1. 머리말

일제강점기 경성은 조선인과 일본인이 혼재한 식민도시였고, 내지인이라 불리던 일본인 인구의 증가와 일본인 위주의 식민정책으로 인해 경성 내 조선인들의 사정은 악화되었다. 1933년 기준 경성 주거부족률을 보면, 일본인 2.7%, 기타 외국인 4.1%이나, 조선인의 주거부족률은 무려 15.1%에 달한다.[1] 즉 경성 내 주택부족문제는 조선인에게 집중되었던 것이었다. 하지만 식민기구인 경성부는 1930년대 말까지 조선인 주택문제 해결을 위한 적극적 정책을 수립하지 않았으며, 그들의 관심은 일본인들을 위한 도시계획이었다. 또한 조선인들의 산업 활동도 제한적이었다. 1910년 제정된 회사령을 통해 조선총독부는 조선기업 신설을 허가하고 통제했고 그 결과 조선계 기업의 성장은 정체되었다.[2] 1920년 회사령이 철폐되면서 조선계 회사의 설립이 폭발

---

[1] 손정목, 『일제강점기 도시화과정연구』, 일지사, 1996, 246쪽.

적으로 증가하였고, 정세권의 건양사도 그 해에 설립되었다.

건양사는 기농 정세권(鄭世權)에 의해 설립된 주택경영회사(현재의 부동산 개발회사에 해당하며, 이하, 근대적 디벨로퍼로 칭함)로 주로 조선인들을 위한 한옥을 개발하고 건설했다.[3] 1920년 이후 경성의 인구는 폭증했고, 건양사는 1930년대와 40년대 북촌이라고 불리는 청계천 북쪽 지역의 여러 곳에 대규모 한옥집단지구를 개발하면서 당대 최고의 주택경영회사 중 하나로 성장했다. 건양사는 현재의 북촌지역과 경성 외곽(창신동, 서대문, 왕십리 일대) 지역에 한옥집단지구를 건설했으며 북촌에서 가장 유명한 곳인 가회동 31번지 일대를 개발했다.

정세권은 신간회, 조선물산장려회, 조선어학회 등 다양한 민족운동 단체에서 활동하였다. 조선물산장려회 회관을 건설하고 조선어학회 회관을 기증하는 한편, 별도의 조선물산 장려조직인 장산사를 설립하는 등 민족운동에 적극 가담했다. 그럼에도 불구하고 정세권의 건양사를 비롯한 당대의 주택경영회사는 과거 귀족의 대형 한옥을 분할하여 여러 채의 작은 한옥단지를 건설했다는 이유로 '집장사'로 매도되었다. 건양사를 위시하여 오병섭의 오병무소, 하준석의 조선공영주식회사, 마종체의 마병무소 등 여러 주택경영회사가 있었지만 체계적인 조사나 연구도 구체적으로 진행된 바는 없다. 경성 내 상당한 규모의 한옥집단지구를 개발했고 민족운동에 투신했음에도 기농 정세권에 대한 연구는 아직 기초적인 단계다. 정세권에 대한 연구는 김란기

---

[2] 1910년 12월 29일자 제령 제13호로 제정된 회사령을 통해 조선총독부는 조선의 민족자본과 공업발전을 제한했다. 일본인이 출원한 회사 설립은 대체로 인정하였지만 조선인 회사에 대해서는 엄격한 규제를 했다.

[3] 그 당시 주택경영회사는 청부업에 속했는데, 1920년대 후반부터 계속 증가하여 1938년도에는 1926년 대비 약 6배 이상의 주택경영회사가 사업을 하고 있었다. 박철진, 「1930년대 경성부 도시형 한옥의 상품적 성격」, 서울대학교 석사학위논문, 2002.

(1983)에 의해 처음 시작되었고, 이후 구경하 · 김경민(2014)은 정세권의 한옥 집단지구 개발에 대한 연구를 진행했다.

'집장사'라는 표현은 당시 형성된 도시형한옥의 외형적 측면을 바라본 것에 불과하다. 당시의 시대적 요구였던 조선인 거주지역의 확보라는 측면을 볼 때, 한옥집단지구 개발과 개발주체의 도시사적 의미는 크다고 할 수 있다.

본 연구는 정세권의 도시개발이 지닌 역사성과 더불어 그의 민족운동에 대해 살펴보고 그 의의를 되짚고자 한다. 첫 번째로 경성 지역의 한옥밀집지구 개발의 배경과 그 의미를 파악하고자 한다. 단순한 '집장사'의 산업 활동에 머무르지 않고 조선인의 주거지 확보에 정세권의 건양사가 끼친 영향을 알아보도록 한다. 두 번째로 정세권의 민족운동 활동에 대해서 검토해본다. 조선물산장려회와 조선어학회에서 정세권의 재정 지원과 이사활동 등에 대한 조사를 통해 민족자본가의 활동을 재조명해본다. 세 번째로 민세 안재홍과 고루 이극로와의 개인적인 인연이 확장되어 산업계 – 언론계 – 학계의 조직적 연대로 변화하는 과정을 보고자 한다. 『실생활』, 『조선물산장려회보』, 『경성편람』 등에 기고한 정세권의 글과 당시 『조선일보』, 『동아일보』, 『매일신보』 등 신문기사를 바탕으로 한 문헌조사를 진행했고 정세권의 유가족 인터뷰와 소장 자료를 활용하여 연구를 진행하였다.

2. 일제강점기 정세권과 건양사의 도시개발

1) 1920년 이후, 경성의 성장과 일제의 대응

1910년대 경성의 인구는 정체상태에 머물렀다. 일본인의 수는 증가하였으나, 조선인 수가 일부 감소하면서 경성 전체 인구는 크게 증가하지 않았다. 그러나 1920년을 기점으로 경성은 과거와 다른 도시적 성격을 갖게 된다. 경성이 소비도시에서 산업도시로 성격이 전환되면서 많은 노동력을 필요로 하게 되었는데, 이는 지방에서 이주한 농촌계층에 의해 충당되었다.[4] 1920년 이후의 경성은 지방에서 상경한 조선인과 더불어 식민도시에서 새로운 기회를 모색하고자 하는 일본인을 비롯한 외국인들이 혼재하는 도시로 바뀌었다. 경성 내 조선인과 일본인의 계층적 차이가 존재했는데, 일본인들의 경우 식민도시를 관리하는 행정관리나 기업가 등 전문직 비중이 컸다.[5]

1920년 이후의 경성 인구수 증가는 매우 기록적이다. 1920년 25만 명의 경성인구는 1935년 39만 명으로 15년 만에 156% 가량 증가했다.[6] 이중에서 일본인의 인구 증가율이 조선인에 비해 더 높은데, 1920년대 말 조선인의 인구 증가가 전년대비 25% 증가한 것에 비해 일본인 인구는 34%가 증가했다.[7] 식민도시 경성으로 일본인의 유입이 늘어난다는 것을 보여주고 있는

---

[4] 송인호·김미정, 「서울도심부 도시한옥주거지의 입지와 특성」, 『건축연사연구』 23-2, 한국건축역사학회, 2014, 67쪽.

[5] 러일전쟁 이전에는 대부분 상업에 종사하던 일본인들이 조선에 유입된 반면에 러일전쟁 이후에는 기자, 관료, 의사 등과 같은 지식인들 중심으로 유입되었다. 김종근, 「서울 中心部의 日本人 市街地 擴散」, 『서울학연구』 20, 서울학연구소, 2003.

[6] 경성의 급격한 인구 변화는 인구 자체의 유입뿐 아니라 경성의 행정 구역 확대도 원인이 되었다. 1914년 당시 8면의 일부가 경성과 고양군으로 편입되면서 경성의 행정구역이 축소되었을 때를 제외하고 경성의 행정구역은 계속 늘어났다.

연도	1910	1920	1930	1940
인구수	245,985	250,208	394,240	935,464

출처: 서울시시사편찬위원회, 『서울인구사』, 서울시시편찬위원회, 2005, 478쪽 재정리.

[7] 1929년 10월 18일자 동아일보 1면 기사 '대경성은 어대로 가나'에서는 일본인들의 가파른 인구증가와 조선인들과의 경제적 차이로 인해 문제가 발생할 수 있다는 점을 우려하고 있다.

셈이다. 인구 증가는 경성 내부의 주택난, 토지가격 상승, 환경문제 등을 야기했다. 1926년 5.77%에 불과했던 주택 부족률은 1935년 22.46%로 올라갔고, 1944년에는 40.25%까지 상승했다.[8] 경성 내부의 토지가격은 수요에 비해 주택 공급이 따라가지 못하는 상황에서 경성 외부에 비해 최대 54배까지 차이가 났다.[9] 대규모 인구증가와 주택 부족은 도시 환경문제를 일으켰으며 이질과 장티푸스, 천연두, 성홍열 등 도시 위생 관련 질병 사망자가 급격히 늘어났다.[10]

　대한제국 말기부터 일본인들은 명동과 퇴계로 일대에 중점적으로 거주했고, 이 일대는 남촌이라 불렸다. 사실 이 지역은 거주지로서 아주 좋은 위치는 아니었다. 남산의 북쪽 기슭에 자리 잡았기에 상대적으로 햇빛 조사량이 적었으며 진흙 지대였고, 늘어나는 일본인들을 수용하기에는 한계가 있었다. 증가하는 일본인 주거지 확보를 위한 조선총독부와 경성부의 대처는 크게 두 가지 방향에서 이루어졌다. 첫째는 경성 주변에 새로운 신도시를 계획 건설하는 것으로, 경성 도심과 가까운 용산과 신당동, 왕십리 인근 지역에 대규모 택지를 조성하고 문화주택단지를 개발하여 일본인을 위한 보다 쾌적한 주거지를 확보하는 것이었다.[11] 둘째는 남촌 중심의 일본인 밀집지역을 넘어

8) 손정목, 『일제강점기도시화과정연구』, 일지사, 1996.

9) 1930년대 초반 이미 경성 내부 토지가격은 인근 면과 큰 차이를 보이고 있다. 용강면과 한지면이 평당 60원이고, 연희면이나 은평면이 평당 11~23원에 매매가 될 때 경성부는 평당 600원에 거래되고 있었다. 서울특별시사편찬위원회, 『서울통계자료집: 일제강점기편』, 서울특별시사편찬위원회, 1993, 336~339쪽.

10) 1914년 경성 시내에서 위생질병 관련 사망자는 189명이었지만, 18년 후 1932년에 이르면 5배가 넘는 1,006명에 이른다. 성홍열(97명)과 장티푸스(41명)가 주요인이었던 1914년과 달리 1932년에는 성홍열(372명)과 천연두(226명)가 가장 큰 사망원인이었다. 서울특별시사편찬위원회, 『서울통계자료집: 일제강점기편』, 서울특별시사편찬위원회, 1993, 392~393쪽.

11) 이경아, 「일제강점기 문화주택 개념의 수용과 전개」, 서울대학교 박사학위논문, 2009, 145쪽.

서 조선인들이 많이 거주하던 북촌지역으로 일본인 거주지역을 확장하는 것
이었다.[12] 대표적인 사례로 조선총독부의 낙성(1926년)과 경성제국대학 개교
(1926년)와 함께 주변에 건설된 일본인 관사를 들 수 있다. 조선총독부와 관련
기관들의 관사가 경복궁 인근 지역에 지어졌고, 경성제국 대학 교수 및 행정
관료들의 관사가 혜화동 인근에 건설되었다. 행정과 교육의 중심이 남촌에서
조선인들의 밀집지역인 종로 이북 북촌지역으로 이동한 것이다. 당시 조선인
들은 일본인에 비해 자금력이 뒤쳐졌고, 일본인 중심 지역이라는 특수성으로
남촌으로의 진출은 현실적으로 불가능했다. 따라서 경성으로 유입된 조선인
들은 북촌지역에 살거나 경성 사대문 외곽지역에 거주할 수밖에 없었다. 그
런데 일본인이 계획적으로 북촌지역으로 진출하고 경성 외곽지역에 신도시
를 건설하면서 일본인 주거단지를 건설하려는 시도는 당시의 조선인에게는
자신들의 삶의 터전을 위협받는 심각한 상황을 야기했다.[13]

2) 한옥집단지구 등장

경성의 조선인 인구의 증가와 그로 인한 조선인들의 주택난, 그리고 일본
인의 북촌 진출 등으로 인해 조선인들의 주거 환경은 열악해졌다. 북촌이라
는 한정된 지역에 거주하는 조선인과 일본인의 수요가 증가하면서, 토지를

---

12) 구경하, 김경민, 「1920년대 근대적 디벨로퍼의 등장과 그 배경」, 『한국경제지리학회
지』 17-4, 한국경제지리학회, 2014.

13) "총독부가 경복궁내로 이전되어 기존 남부를 중심으로 거주하던 일본사람들의 세력
이 일조에 북부로 이전하게 되면, 그 때의 조선 사람의 생활근거지는 다시 동쪽으로
또는 서쪽으로 쫓겨나거나 (구축(驅逐)되어), 혹은 청량리로 혹은 마포 등지로 또 혹
은 멀리 만주 시베리아 등지로 그 생을 구하러 이사하게 될 것은 물론이다. 아! 이
어찌 도태구축의 암담한 사실이 아니리오." 「멸망하여 가는 경성 〈중, 전3회〉 조선이
다 이렇다」, 『동아일보』, 1923년 3월 7일자.

더욱 집약적으로 사용하려는 경향이 나타났다.[14] 과거 큰 토지의 주택을 분할하여 더 많은 사람들이 거주할 수 있도록, 여러 채의 한옥들이 대량으로 건설되기 시작한 것이다.

조선시대 한옥은 터와 방향을 정한 후 안채, 사랑채, 행랑채 등 각각 고유한 기능을 갖춘 독립된 건축물들의 집합체였다. 그런 이유로 각 건축물을 잇는 동선의 규모나 건축물 간의 간극 등을 고려할 때, 한 필지의 크기는 일정 면적 이상이어야 했다. 하지만 경성과 같이 끊임없이 성장하고 인구밀도가 높아지는 지역의 주택, 특히 대규모 토지의 주택은 사정이 달라졌고 보다 압축적으로 개발하려는 압력을 받게 된다. 따라서 과거와 달리 좁은 필지에 안채, 사랑채, 행랑채를 모두 한 건물에 모아 건설하여 불필요한 토지의 손실을 최소화하는 시도가 나타났고, 인접 필지 한옥과의 거리를 좁혀 처마가 마주 닿을 정도로 가깝게 되었다. 도시의 생활방식에 적합하게 변화된 이런 형태의 한옥을 도시형한옥이라고 하며, 현존하는 한옥집단지구에서 나타나는 일반적 주거형태이다.[15]

한옥집단지구 탄생은 당시 토지시장에 대저택이 매물로 등장한 것과 관련이 있다. 일제강점기 가세가 기울어진 대저택 소유주들 (과거 왕족이나 양반)이 본인 소유의 대저택과 토지를 처분했고, 이는 한옥집단지구 개발회사에게 넓은 대지를 구입할 기회가 되었다.[16]

---

14) 여기서의 북촌은 현재의 삼청동, 가회동 일대를 넘어서서 사대문 내부 종로이북 전체를 의미한다.

15) 송인호, 「도시형한옥의 유형연구: 1930년 - 60년의 서울을 중심으로」, 서울대학교 박사학위논문, 1990.

16) 익선동 소재 한옥집단지구는 과거 왕실 종친 소유의 궁궐 부지에 개발된 것이다. 166번지에 위치한 왕족의 종친 이해승 소유의 누궁동과 33번지의 완화궁의 사저가 여기에 해당된다. 구경하 · 김경민, 「1920년대 근대적 디벨로퍼의 등장과 그 배경」, 『한국경제지리학회지』 17-4, 한국경제지리학회, 2014.

과거 집주인이 대목, 소목과 협의하여 한옥을 지었던 반면에 한옥집단지구는 대규모 개발이라는 특성상 전문적인 조직(주택경영회사)이 개발과 건설을 책임져야 했다. 이들은 앞서 설명한 바와 같이 대규모 필지를 분할한 후 비슷한 한옥을 대량으로 건설하였는데, 이러한 대량 건설은 건설비용 감소와 개발이익 증가를 가져온다. 건설비용 감소는 대량의 건축자재 구매로 인한 재료비 절감과 동일 구조 건설로 인한 개발 기간 단축 등으로 많은 원가 절감에 의해 가능해졌다. 개발이익 증가의 경우 큰 필지를 작은 필지로 나눌 경우, 단위 면적당 판매 금액이 더 높을 가능성이 커짐에 따라 발생했다. 한 구매자에게 큰 규모의 필지를 판매할 때와 동일한 면적의 필지를 각각 다른 구매자들에게 여러 필지를 판매할 경우, 후자의 평당 판매가가 일반적으로 크다. 따라서 사회적으로 토지를 압축적으로 개발하는 요구가 강해졌고 규모가 큰 근대적 디벨로퍼의 등장은 필연적이었다.

결국 경성의 주택난으로 인해 거주할 주택을 찾는 수요자들의 사회적 요구 그리고 토지시장에 나타난 과거 귀족 소유의 대저택들, 대규모 개발을 이끌어야 하는 존선인 근대적 디벨로퍼의 등장은 한옥집단지구의 출현과 맥을 같이 한다. 당대의 근대적 디벨로퍼로는 건양사를 비롯하여 마병무소, 오병무소, 조선공영주식회사 등이 있다.[17]

---

17) 마병무소는 토목 건축업을 주로 하는 회사였으며, 서울시 종로구 통의동 7-21번지에 사무실이 위치하였다. 오병무소는 자본금 10만원으로 1942년 설립된 회사로, 사업영역은 토목건축, 공사, 청부업이었으며 서울시 종로구 종로5가 335번지에 위치하였다. 대한상공회의소, 『全國主要企業體名鑑』, 대한상공회의소, 1956.

3) 건양사의 북촌 개발

일제의 도시계획에 맞서 조선인들의 삶의 터전을 지키는 것은 매우 중대한 것이었고, 조선인들은 그 심각성을 인지하고 자신들의 터전을 지키려고 노력했다.[18] 그러나 이러한 조선인들의 부단한 노력에도 불구하고, 북촌지역의 새로운 주택들은 빠르게 일본인 소유로 바뀌기 시작했다.[19] 따라서 누군가는 북촌 지역에 새로 나온 매도물건(매도용 토지 혹은 주택)을 매입하여 조선인들을 위한 주택을 건설함으로써, 조선인 주거지로서의 북촌의 지역성을 보존해야 했다. 그리고 이런 일들은 건양사를 위시한 근대적 디벨로퍼들이 수행했다.[20] 따라서 이들이 건설한 한옥집단지구는 단순히 과거 대저택을 쪼개 여러 채의 한옥단지를 만들었다는 사실을 넘어서 조선인들의 북촌을 지켜냈다는 도시개발사적 의미가 존재한다.

정세권은 평소 '사람 수가 힘이다. 일본인들의 북촌 진출을 막아야 한다.'고 언급했을 정도로 일본인의 북촌 진출을 심각하게 받아들었고, 민족적 소명을 갖고 사업을 전개했다.[21] 그가 설립한 건양사는 부동산 개발 및 건설 전문회사로서 기획과 설계, 시공, 감리 등의 영역뿐 아니라, 중개업무와 주택금융까지 담당하는 대규모 계열사였다. 건양사는 이태준의 소설 '복덕방'에

---

18) "종로통 삼정목 구십 번지 길진옥씨는 '물론 우리의 재력이 어찌 넉넉할 수가 있겠습니까만, 기어코 이 지역만큼은 일본인의 수중에 내어주지 않겠다는 굳은 결심들을 가지고 헐리게 된 열다섯 채의 소유주들 중 한 사람도 집을 팔아넘긴 이가 없습니다. 그 터를 안 팔려고 기를 써가며 각 은행으로부터 비싼 이자를 주고 돈을 얻어다가 이층집을 짓는 중인즉, 앞으로 장사가 잘되면 혹시 몰라도 만일 그렇지 않다면 결국은 은행물건이 되고 말 것이 명약관화한 일이 아닙니까"라며 매우 전도를 우려하는 중이었다." 「종로도로개수와 일본인의 북진」, 『조선일보』, 1925년 6월 18일자.

19) 「激增하는 日本人府民 今年에 벌서 三百名」, 『동아일보』, 1927년 5월 30일자.

20) 구경하·김경민, 앞의 논문.

21) 정세권의 둘째 따님인 고 정정식님의 인터뷰 내용(2013년 8월 30일).

서도 언급될 정도로 일반인들에게 널리 알려진 회사였으며,[22] 정세권은 부동산 건설업계를 대표하는 인물로 1929년 '경성편람'에 업계 현황에 대한 글을 발표하기도 했다.[23]

1920년 설립된 건양사는 1920년대부터 40년대 이전까지 북촌지역의 많은 지역을 개발하는 대형 디벨로퍼로 성장했는데, 건양사가 개발한 지역은 가회동, 계동, 관철동, 익선동, 봉익동, 삼청동, 혜화동, 성북동 등 4대문 안 북촌지역의 상당수와 당시 교외지역이라 할 수 있는 창신동, 서대문, 왕십리 등을 포함한다. 물론 건양사가 해당 지역의 모든 한옥을 건설한 것은 아니지만, 그럼에도 건양사의 광역적 개발은 당사의 규모가 매우 컸음을 반증한다.

정세권의 한옥집단지구 개발은 세 가지 점에서 그 의미를 갖는다. 첫 번째로 일본인에 선점된 당시 건설업계에서의 독보적인 주택개발이었다. 1920~30년대는 일본계 건설 회사들이 경성 내 관급공사의 대부분을 장악하면서 성장하던 시기였다.[24] 일제강점기 초기와 1930년 중반 이후 수의계약 입찰방식과 1922년 이후의 지명 경쟁입찰 방식이 사용되어 발주자인 조선총독부가 건설업체를 실제로 지정할 수 있기 때문에 일본계 건설 회사들에게 유리한 조건이었다. 또한 조선총독부와 '조선토목건축협회'과 같은 이익단체와 금융계가 담합하여 조선계 건설 회사를 배제하는 독점적 수주를 진행했다.[25] 이런 불리한 조건에서 건양사와 같은 조선계 디벨로퍼들의 입지는 매

---

[22] "지금은 중개업자도 늘었고 건양사(建陽社)같은 큰 건축회사가 생기어서 당자끼리 직접 팔고 사는 것이 원칙처럼 되어가기 때문에 중개료의 수입은 전보다 훨씬 준 셈이다." 이태준, 「복덕방」, 『현대문학 100년, 단편소설 베스트 20 무진기행』, 가람기획, 2006, 93쪽.

[23] 건양사에 대한 자세한 설명은 『프레시안』 연재기사(「김경민의 도시이야기 - 건축왕, 경성을 만들다」, 『프레시안』, 2015~2016년) 참조.

[24] 이금도·서치상, 「조선총독부 발주 공사의 입찰방식과 일본청부업자의 수주독점행태」, 『대한건축학회논문집 - 계획계』 22-6, 대한건축학회, 2006, 179쪽.

우 좁았고, 결국 일반 주택 건설 분야에 집중할 수밖에 없는 상황이었다. 그런 제한적인 상황에서 정세권의 건양사는 한옥집단지구를 다수 건설했고 일반인들에게 가장 많이 알려진 회사가 되었다. 두 번째로 정세권이 건설한 한옥집단지구가 조선인 주거지를 확보했다는 것이다. 두 가지 방향으로 전개되는데 청계천 북쪽 지역인 북촌 지역과 경성 외곽지역이 여기에 해당된다. 1920년부터 본격적으로 진행된 일본인 주거지의 확산은 조선인 밀집구역인 북촌지역에도 영향을 끼쳤다. 일본인 밀집 지역인 남촌이나 한양도성 외곽으로 갈수 없었던 조선인들에게 북촌지역의 주거지 확보는 절실했다. 건양사는 당시 북촌지역에 조선인들을 위한 도시형한옥을 건설해 조선인 주거지를 확보하고 이를 통해 일본인의 북촌지역 진출을 저지하는 데 큰 역할을 했다. 또한 장기적인 관점에서 경성의 확장을 예견하고 이후 새로운 주거지로 변화될 가능성이 높은 경성 외곽지역에 한옥밀집지구를 건설했다. 세 번째로 기존의 전통적인 한옥 구조를 개량하여 경성에 살고 있던 조선인의 주거환경을 높였다. 1920년대부터 정세권은 실용적이고 위생적인 주택을 더 경제적으로 지을 방법에 관심을 두었다.[26] 정세권은 건양사에 대한 회사 설명에서도 그 목적을 명확히 밝혔다.

> ..활동에 편리하며, 건축비, 유지비와 생활비 등의 절약에 유의함이 본사의 사명입니다.[27]

---

25) 이금도 · 서치상, 앞의 글, 180쪽.
26) 정세권, 「주택개선안」, 『실생활』 1936년 4월호.
27) 정세권, 「건축계로 본 경성」, 『경성편람』, 홍문사, 1929.

정세권의 개발지가 포함된 법정동

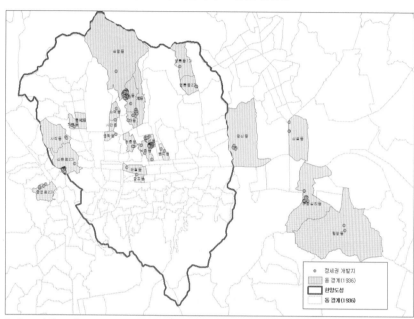

출처: 조선일보 광고, 1929~1930/동아일보 광고, 1930/『실생활』 광고, 1931.8~1935.10/가족 증언/
등본상 주소 기준으로 재작성.

실제로 조선일보에 '주택설계도안 현상모집'을 공모하여 조선인의 생활방
식에 적합한 주택 구조를 모색했다.[28] 정세권에 의해 처음으로 소개되고 건
설된 도시형한옥의 구조로 중당식 한옥이 있다. 중당식 한옥은 건물을 중심
으로 외부공간을 둘러쌓는 집중형 평면을 가지며, 주방, 식당, 세탁장, 하수
구 등이 집약되어 있다.[29] 그는 전통적 한옥 구조를 개량해서 경성이라는
대도시의 생활방식에 적합한 새로운 한옥구조를 소개했고 1934년부터 '건양
주택'이라는 이름으로 실제로 북촌지역에 중당식 한옥을 건설했다.[30]

---

28) 김경민, 『건축왕, 경성을 만들다』, 이마, 89쪽.
29) 이경아, 「정세권의 중당식 주택 실험」, 『대한건축학회논문집 - 계획계』 32-2, 대한건
축학회, 2016.

건양주택의 평면도

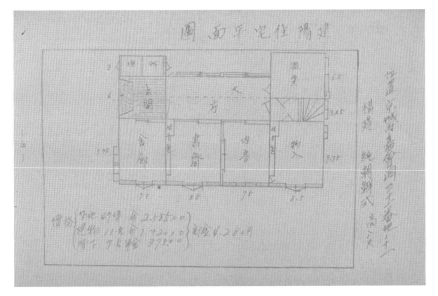

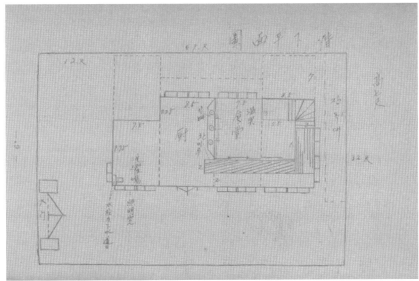

출처: 정세권, 「주택개선안」, 『실생활』 7-4, 1936, 8~9쪽.

30) 정세권, 「주택개선안」, 『실생활』 1936년 4월호.

3. 정세권의 민족운동 참여

1) 조선물산장려회 활동

1923년 시작한 조선물산장려운동은 초기 전국적으로 큰 호응을 얻었으나, 그 세는 빠르게 위축되었고 긴 침체기에 접어들었다.[31] 그러나 1920년 후반부터 상공인계층이 참여하면서 조선물산장려회는 새로운 부흥기를 맞게 된다.[32] 정세권은 새롭게 참여한 상공인계층의 대표적인 인물이었으며, 1928년 조선물산장려회 경성지회 이사로 참여하면서 활동을 시작하였다.[33]

정세권의 조선물산장려회에서의 활동은 크게 세 가지로 나뉜다. 첫 번째 활동은 조선물산장려회에 대한 재정지원이다. 1920년대 후반 당시 조선물산장려회의 수입은 대부분 광고료와 차입금으로 충당되었는데, 이 차입금은 바로 정세권의 후원금이었다.[34] 그리고 1930년부터 1931년까지 매월 30~35

---

[31] "1923년 창립할 때에는 전국적으로 성세가 높던 이 운동은 그 후 대체로 침체한 상태였다. 한 때는 학생이 (조선산) 수목교복을 입은 때도 있었고, 기생들마저도 수목을 입는 이가 있었으나 이것은 소수요, 대다수의 열정은 식어가는 듯 보였다." 유광렬, 「조선물산장려운동의 전모 - 민족운동사측면사」, 『인물계』 1-2, 정론사, 1964.

[32] 1923년 1월 정식으로 설립된 조선물산장려회는 크게 선전활동과 판매활동으로 나뉜다. 조선물산을 애용하자는 강연, 거리행진을 하며 조선물산장려운동의 취지를 홍보했으며, 조선제품 광고, 판매 시장 개설 등을 통해 실제 판매까지 하는 등 다양한 활동을 했다. 하지만 대부분 사업이 1930년대 초에만 활발히 진행되는 등 실질적인 활동에 의한 효과보다는 민족운동으로서의 상징적인 의미가 더 크다고 할 수 있다.

[33] 우리나라 최초의 법학교수이자 서울법대 2대 학장을 역임한 최태영 박사(1900~2005)는 정세권이 자신을 찾아와 조선물산장려운동을 다시 일으켜 세울 것을 부탁하였다고 회고한다. 최태영, 「광산이야기와 제2차 물산장려운동」, 『대한민국학술원통신』 144, 대한민국학술원, 2005, 4~9쪽.

[34] 1929년 조선물산장려회 회계자료에 의하면 총 수입금 1,866원 중 광고료가 349원(18.5%), 차입금이 1,220원(64%)을 차지하고 있는데, 이 차입금은 정세권의 지원금이었다. 그가 한 해 수입의 64%를 담당했다는 것을 의미하며, 건양사의 도움 없이는

원의 동정금을 납부하여 조선물산장려회의 지속적인 재정지원을 했다.[35]
1930년부터는 조선물산장려회의 전임상무를 맡아 사업 전체를 총괄하는 역
할을 하고 조선물산장려회관 신축에 도움을 주었다. 1931년 4월 현 종로구
낙원동 300번지 부지에 4층의 조선물산장려회관 건축을 기공했는데, 건양사
가 건설을 담당했다. 이에 대해 만해 한용운은 회관 신축을 정세권이 주도한
것에 대한 감사의 글을 회보에 게재했다.[36] 조선물산장려회관 내에는 조선
물산진열관을 설치하여 조선물산을 일반인들에게 직접 판매했다. 일종의 생
산자와 판매자를 연결하는 네트워크기능을 담당한 것으로 상품 판매대금은
생산자에게 돌아가 재생산이 가능하도록 하였다. 또한 바자회와 염매시, 전
람회 등을 개최하여 조선 제품을 일반인들에게 알렸고 상당한 호응을 얻었
다.[37] 두 번째 활동은 조선물산장려회의 기관지 발행이다. 조선물산장려회
는 1923년 12월부터 기관지 『産業界』를 발간하였으나, 조선물산장려회의 침
체로 1924년 9월에 폐간되었다. 이후 새롭게 편집 운영진을 구성하여 1927년
7월에 『自活』로 개간하였으나, 원고난과 검열난으로 인해 기관지로의 기능
을 상실하였고, 1929년 다시 『조선물산장려회보』라는 새로운 기관지를 발행

조선물산장려회의 존립이 어려웠음을 보여주고 있다. 방기중,『근대 한국의 민족주
의 경제사상』, 연세대학교 출판부, 2010, 123쪽.

[35] 방기중,『근대 한국의 민족주의 경제사상』, 연세대학교 출판부, 2010, 131쪽.

[36] "조선인의 자조자족을 고조하는 물산장려회에 대하야 나는 호감을 가지임이다. 그
정신에 대하야 사회주의자간에는 비난도 없지 않이 하나 의뢰성(依賴性: 남에게 부
탁하는 마음) 또는 침쇠(沈衰)한 조선인에게 제 힘으로 제가 살겠다고 하는 정신만도
됴흔줄암이다. 이번에 그 어려운 중에서 회관을 짓고 더욱 경리를 마른 정세권씨가
백난중에서 회관을 완성할랴고 고심분투한다는 것은 참으로 고마운 일임이다. 장래
더욱 발전되기를 밋음이 집집짓는 것도 고마운 일이나 그것보다도 장래 이용을 더욱
의의잇게 하기를 바람이다." 한용운,「백난중분투하는 정세권씨에게 감사하라」,『奬
産』, 1931년 2월.

[37]「염매시 개시식 공전의 성황」,『매일신보』, 1931년 11월 5일자.

했다. 1929년 10월부터 1930년 12월까지 총 12호가 발행되었고 발행처 주소가
경성부 익선동 166-5로 되어 있다.[38] 이곳은 건양사가 1929년부터 개발하여
분양광고를 했던 지역으로 1929년부터 상무이사로 선출된 정세권이 기관지
발행 사무소로 제공했을 가능성이 크다. 정세권은 1931년 1월 새로운 기관지
『奬産』의 편집인과 발행인을 맡았으며 본격적으로 조선물산장려회에서의
언론 활동을 시작했다. 세 번째로, 정세권은 별도의 조직인 장산사를 설립하
여 조선물산장려운동을 지원했다. 장산사는 기관지인 『奬産』과 『실생활』을
발행하고 조선물산 위탁판매와 토지 및 주택건설업을 주로 했다. 정세권은
장산사가 건양사의 건축업을 인수 합병하는 형태로, 건양사의 건축업 부분을
장산사로 인계하였다.[39] 따라서 장산사는 부동산 개발기능과 함께 조선물산
의 위탁판매와 조선물산기관지발행 등 다양한 형태의 사업을 하는 조직으로
발전했다.

　그러나 정세권의 장산사 설립과 물산장려활동은 조선물산장려회의 이사
진과의 갈등 요인이 되었다. 기관지 『奬産』에 대한 구 간부의 불만이 표출되
었고,[40] 기관지 발간과 관련된 갈등이 커지자 정세권은 1931년 7월 기관지
발행권을 명제세에게 넘겨주었다.[41] 이후 정세권은 『실생활』을, 조선물산장
려회는 『신조선』을 간행함으로써 간부간의 불화는 기관지의 분열로 표면화
되었다. 1925년 '부흥총회'를 전후한 이래 조직 재건을 주도한 인물들과 새롭
게 등장한 정세권 사이에 운영방침 등을 둘러싼 갈등은 정세권이 장산사를
설립하여 조선물산장려회 사업 전체를 관장하게 되면서 더욱 심화되었다.[42]

38) 정용서, 「조선물산장려회의 기관지 발간」, 『근대서지』 5, 2012, 298쪽.
39) 「본사의 영업안내」, 『실생활』 3-4, 1932.
40) 「조선물산장려회 최근사정」, 『奬産』 2-5, 1931, 52쪽.
41) 정용서, 「조선물산장려회의 기관지 발간」, 『근대서지』 5, 2012, 296쪽.
42) 1932년 3월에 건양사와 장산사를 합병하여 조선물산장려회 이사이자 발명학회 중요

조선물산장려운동을 민족운동으로 국한하여 해석한 운영진과 정세권 등의
상공인의 시각은 달랐다. 정세권은 조선물산장려운동이 성공하기 위해서는
조선물산의 소비뿐 아니라 조선물산의 생산 역시 활성화되어야 한다고 여겼
다.[43] 그렇기에 조선물산을 생산할 수 있는 조선인 기업의 성장은 중요한
것이었다. 정세권은 1932년 조선물산장려회 정기대회에서 생산부 혹은 소비
부를 지정하여 장려하자고 제안했으나 일부 이사들이 반대했다. 기업가 중
심의 적극적인 산업 부흥 실천에 대해서 간부들은 조선물산장려회의 이름을
빌려 상공업자들의 경제적 이익을 꾀하는 것을 비춰질 수 있다고 우려한 것
이다.[44] 이는 지식인 계층 중심의 운영진과 1920년대 후반 새롭게 가담한
상공인계층간의 갈등이었다.[45] 조선물산장려회 간부의 이념지향과 정세권
의 실제적 활동지향 간의 충돌은 1932년 12월 장산사와 조선물산장려회가
공식적으로 분리되는 결과를 가지고 왔다.[46] 장산사의 이탈과 함께 조선물
산장려회는 회관건물도 상실했고,[47] 1930년대 중반 이후 지식인 중심의 조선
물산애용 선전단체로 회귀하며 세가 급격히 위축되었다. 결국 1937년 2월

　　인물인 박길룡을 기술부 책임자로 영입하여 건축청부업, 부동산 매매업과 같은 영리
　　사업을 강화했다. 방기중, 『근대 한국의 민족주의 경제사상』, 2010, 140쪽.

43)　정세권, 「조선물산생산장려」, 『朝鮮物産奬勵會報』 1-1, 1929.

44)　오미일, 『한국독립운동의 역사』 제36권 경제운동, 독립기념관 한국독립운동사 정보
　　시스템.

45)　안재홍은 조선물산장려운동이 초기에는 지식에 의하여 관념적인 운동으로 시작했지
　　만 정세권과 같은 조선인 상공업자들과 결합이 이루어져 발전하고 있다고 봤으며
　　이것은 필연적이고 또 당연한 것이라고 평가했다. 안재홍, 「물산장려회의 일진전 -
　　그 회관 건축의 실현을 보고」, 『奬産』 2-2, 1932.

46)　「사고 독자필독」, 『실생활』 3-12, 1932.

47)　회관 건물이 더 이상 조선물산장려회 소유가 되지 않은 부분에 대해서 정세권은 『실
　　생활』에 본인의 의견을 게재했다. 낙원동 300번지의 조선물산장려회관 건설비를 전
　　혀 받지 못했기 때문에 회관 건물 소유가 건양사로 된 것이라고 설명했다. 정세권,
　　「조선물산장려회에 대한 나의 감상」, 『실생활』 3-7, 1932, 34쪽.

조선물산장려회는 공식적으로 해체되었다.

2) 조선어학회 활동

조선물산장려운동 이후 정세권은 조선어학회 활동에 참여하여 민족운동을 이어갔다. 1908년 8월 31일 창립된 국어연구학회는 이후 1921년 조선어연구회로 명칭을 변경하고 한글날을 제정하고, 동인지『한글』을 간행하며 국어연구와 한글 보급 운동의 중심이 되었다. 1929년 독일에서 유학을 마치고 귀국한 고루 이극로가 입회하여 조선어사전편찬회를 조직하면서 민족학회로서의 정체성을 나타냈다. 1931년 조선어학회로 이름을 다시 바꾸고 1936년 조선어 표준말의 오류를 수정, 정리하고 외래어표기법 통일안을 제정하였다. 1942년 조선말 큰 사전 출판을 착수함으로 국어의 기초 수립과 현대화 과정에 지대한 공헌을 했다.

정세권의 조선어학회 활동은 재정지원과 이사활동, 지지선언 등이다. 그는 서울 종로구 화동 129번지에 있던, 시가 4천여 원의 2층 양옥 1채를 조선어학회에 기증하였는데,[48] 당시 1층은 고루 이극로의 살림집으로 사용되었고, 2층은 조선어학회 사무실 겸 사전편찬실로 사용했다.[49] 조선어학회는 다음과 같이 감사의 뜻을 전했다.

> (전략) 서울 장산사 사장 정세권 씨가 우리의 뜻을 깊이 알아, 서울 화동 129번지 1호에 있는 시가 사천 여 원의 이층 양옥 한 채를 자진하여 우리 회에 제공하시므로, 지난 7월 11일에 인연 깊은 수표정 42번지 조선교육협

---

48) 당시 경성방직 여공 한달 월급이 21원이었으니, 4천원은 200여 명의 월급분량에 해당하는 큰돈이다. 박용규,『조선어학회 항일투쟁사』, 한글학회, 2012, 102쪽.

49) 정인승,「남기고 싶은 이야기들 - 조선어학회 사건」,『중앙일보』, 1972년 11월 22일자.

회안에 있던 옛 회관으로부터 화동 새 회관으로 옮기어 왔다.

조선어학회가 화동 새 회관으로 옮기는 동시에, 연쇄적 관계가 있는 조선어사전편찬회와 조선학문고도 다 새 회관으로 옮기었다. 이에 대하여 우리 회의 일반 회원은 정세권씨의 두터운 동정에 눈물이 겨우도록 감사한 것은 말할 것도 없거니와, 일반 사회에서도 다 한 가지 칭송을 말지 아니하였다.[50]

조선물산장려회 재정을 지원하였듯이, 정세권은 조선어학회의 운영비를 지원하였다. 1935년 1월 온양온천에서 조선어학회 제1독회를 열어 조선어 사정안을 토의했는데 정세권은 삼 일간의 비용을 전부 부담했다.[51] 이극로가 제안한 조선기념도서출판관의 이사로도 참여했는데, 이 모임은 기존의 허례허식을 폐지하고 이를 절약한 비용으로 조선 문화의 향상을 위한 도서출판을 활성화하는데 목적이 있었다.[52] 또한 독립운동의 투사와 독립 이후의 지도자를 양성하기 위한 기관인 양사원을 설립하고자 정세권에서 다시 집 한 채를 얻고, 이우식에게 토지를 기부 받아 재단을 만들고자 했지만 실패로 돌아갔다.[53]

조선어학회의 최종 목표는 조선어 사전(큰 사전)의 출판이었고, 이를 위해서는 방언 등을 표준화시키는 작업과 한글맞춤법 통일이 선결 과제였다. 그런데 당시 조선어학회는 이와 관련하여 조선어학연구회와 심한 갈등을 빚고 있었다.[54] 언론계와 학계, 출판계 70여 인은 조선어사전 출판을 위한 조선어

50) 「정세권씨의 후의 - 조선어학회의 신 회관!」,『한글』, 조선어학회, 1935.
51) 박용규,『조선어학회 항일투쟁사』, 한글학회, 2012, 72쪽.
52) 1935년 3월 1일 서울 명월관에서 20여 명이 출석하여 개회되었다. 이때 16조로 된 '조선기념도서출판규정'이 제정되었는데, 이 규정에서 조선기념도서출판관은 '조선 문화의 향상을 위하여 유지의 기념도서출판사업을 조성하는 데' 있다고 규정하였다. 박용규,『조선어학회 항일투쟁사』, 한글학회, 2012, 134~135쪽.
53) 「제29화 조선어학회 사건(15)」,『중앙일보』, 1972년 12월 8일자.

학회 활동을 공개적으로 지지하며 조선어학회를 지원했다. 정세권은『奬産』
및『실생활』발행인으로서 조선어학회 활동을 전폭적으로 지지했다.[55]

조선어학회를 민족운동단체로 여긴 일제는 1942년 10월 조선어학회 회원
들을 구속하고 학회를 해산시켰다.[56] 정세권은 조선어학회 건물 기증 등의
재정지원과 조선기념도서출판관 이사활동, 조선어 표준말 사정위원회 후원
등 적극적인 조선어학회 참여 활동으로 조선어학회 핵심회원 33인과 함께
일제에 검거되었다. 그는 함남 홍원경찰서에 수감되어 심한 고문을 받고 풀
려났다.[57]

일제 패망 뒤인 1949년 관련인사들은 다시 십일회(十一會)를 조직하였으
며 정세권은 조선어학회 사건에 증인으로 불려가 심문을 받은 인사(7인) 중
한 명의 자격으로 가입했다.

----

[54] 조선어학연구회는 1930년대 언어, 문자를 통한 민족문화계승을 내세워 활동한 조선
어학회와 동일한 목적을 가지고 있으나 원래의 설립 동기는 조선어학회에서 추진하
던 국어표기법통일안에 대한 반대운동을 전개하기 위하여 조직되었다. 1933년 10월
29일 조선어학회의 '한글맞춤법통일안'이 정식으로 발표되자 이에 대한 박승빈 학설
의 이론적 주장과 함께 '한글맞춤법통일안' 반대운동을 조직화하기에 이르렀다. 한국
민족문화대백과사전 참조.

[55] 박용규, 앞의 글, 46~61쪽.

[56] 1942년 10월부터 일제가 조선어학회 회원 및 관련 인물을 검거해 재판에 회부한 사건
으로 조선어학회사건이라고 불린다. 함흥영생고등여학교 학생의 한국말 대화 취조
사건에서부터 시작되었고 한글운동을 폐지하고 조선의 지식층을 검거할 수 있는 명
분을 주었다. 그 해 10월 1일 경성에서 11명이 구속되었고 총 33명이 검거되었다.

[57] "당시 함경도로 15일 동안 끌려가서 (아버지도) 고문을 당하셨어요. 학자 분들이 많이
끌려갔죠. 돌아가신 분들도 있고 … 그런데 우리 아버지는 학자가 아니에요. (일종의
학회) 고문이었죠. 그런데 끌려가서 (고문을) 당하셨어요. 당시 병원에 갈 수 없었어
요. 그런데 이명래씨가 (재래 의약의 거두이며 해방 후 가정상비약으로 유명했던 이
명래 고약의 발명가) 오셔서 아버지를 끼고 치료해주셨어요. 그래서 살아나셨죠. 그
다음에 이극로 선생님이 고문 당해가지고 (우리가 그 때 살던) 혜화동 집으로 오셨어
요. 오셨는데 그냥 바지 뒤가 전부 피투성이였어요. 고문당한 이야기를 아버지랑 한
참 하시고 가셨어요."(정세권 선생 둘째 따님 (고) 정정식님 인터뷰, 2015년 9월 20일).

십일회 (앞줄 왼쪽 두 번째가 정세권, 세 번째가 안재홍)

출처: 한글학회.

3) 산학언 민족운동 : 기농 정세권과 민세 안재홍, 고루 이극로의 연계

정세권의 민족운동은 다양한 분야 인사들과의 교류를 통해 시작되고 확장되었다. 그 중 민세 안재홍과 고루 이극로는 정세권과 동지적 관계를 맺었다.

민세 안재홍(1891~1965)은 조선일보 주필과 사장을 역임한 당대 언론계의 중추적 인물이었다. 안재홍은 1924년부터 조선물산장려회 이사로 참여하기 시작하였고, 정세권은 1929년 경성지회 경리부 상무이사로 선출된 후 1930년에는 중앙회의 경리부 전임상무로 활동을 하면서 두 사람은 조선물산장려운동 활동을 함께 했다.[58] 정세권과 안재홍의 인연은 여기서 그치지 않는다.

---

[58] 1931년 6월 17일 당시 조선일보 사장으로 재직 중이었던 안재홍은 정세권이 건설한 조선물산장려회관 정초식에 참여하여 축사하였다. 「조선물산장려회관 정초식」, 『동

안재홍이 신간회를 발기하면서 정세권은 신간회 경성지회에서도 활약했다. 신간회는 자치론을 비판하고 절대독립을 추구하는 민족주의 독립운동과 사회주의 독립운동이 연합하여 창립한 민족운동단체로서 안재홍, 이상재, 신채호 등 34명이 첫 발기인이다. 정세권과 안재홍은 윤치호, 송진우 등과 함께 조난동포문제협의회의 위원으로 참여하여 만주지역 조선인들을 위한 구제사업을 펼치기도 하였다.[59] 또한 일본에서 공부하는 조선인 유학생들이 결성한 대한흥학회의 해산 이후 상설총회기관을 다시 설치하고자 하는 운동에도 같이 참여하였다.[60] 정세권은 1929년부터 약 2년 간 조선일보에 총 37회에 걸쳐 건양사의 토지, 주택 분양 광고를 집중적으로 게재했다. 그 당시 주필이었던 민세 안재홍과의 인연으로 조선일보의 열악한 경제사정을 돕고자 하는 의도로 추측된다.[61]

정세권은 고루 이극로와도 끈끈한 인연을 맺었다.[62] 고루 이극로(1893~1978)는 독일 베를린대학에서 박사학위를 취득한 후 『조선어사전』의 편찬위원과 1935년 조선어 표준어 사정위원 활동을 하며 조선어학회를 주도적으로 이끌었다. 그의 귀국 자체가 신문 기사에 나올 정도로 그는 대단한 인물이었다.[63] 이극로는 정세권이 기증한 종로구 화동 129번지 사무실을 129라고 부를 만큼 회관에 대한 애정이 컸다. 이극로는 사무실을 기증한 정세권에게 『한글』을 통해 감사의 글을 게재했다.

....

아일보』, 1931년 6월 17일자.
[59] 「각방면유지회합 조난동포문제 협의회 조직」, 『동아일보』, 1931년 10월 29일자.
[60] 황석우, 「半島에 幾多人材를 내인 英·美·露·日 留學史」, 『삼천리』 5-1, 1933.
[61] 김경민, 「건축왕, 한 달 만에 한옥 37채를 만들다」, 『프레시안』, 2015년 10월 22일자.
[62] 정세권의 가족(둘째 딸 정정식)은 정세권이 고루 이극로를 고무신 박사라고 불렀다고 하며 정세권이 특히 아낀 인물이라 하였다(2013년 10월 4일 인터뷰).
[63] 「독일철학박사, 이극로씨 귀국」, 『동아일보』, 1928년 10월 28일자.

그런 가운데 장산사 사장 정세권씨로부터 서울 화동 129번지 2층 양옥
한 채를 조선어학회 회관으로 감사히 제공받게 되었다. [64]그래서 금년 7월
11날에 이 집으로 회관을 옮기게 되었다. 조선어학회가 딴 문패를 붙이고
독립한 호주가 된 것은 창립 이후 이번이 처음 일이다. … 끝으로 우리 조선
어학회는 조선 사회에 대하여 특별히 정세권씨에 대하여 감사함을 마지아
니하는 동시에, 우리는 적은 힘이나마 더욱 정성을 다하여 여러분의 바라는
바를 이루도록 힘쓰려 한다.[65]

기농 정세권(1888년생)과 민세 안재홍(1891년생) 그리고 고루 이극로(1893
년생) 3인이 신간회와 조선물산장려회, 조선어학회 등에서 함께 민족활동에
매진한 것은 시사한 바가 크다. 비슷한 나이대의 그들은 각 분야의 대표적
인물들로 동지적 유대관계를 맺었다. 정세권은 건축왕으로 불릴 정도로 산
업계에서 알려진 인물이었고, 안재홍은 조선일보 사장을 역임한 언론계의
중추적 인물이었으며, 이극로는 학자들의 모임인 조선어학회를 실질적으로
이끌면서 지면을 통해 대중들에게도 알려진 학계인물이었다. 안재홍은 정세
권 등의 상공업계가 조선물산장려회에 진입하면서 노선을 이념중심에서 실
질적인 사업 중심으로 변환하고자 할 때 지지를 보냈고, 정세권과 각종 활동
을 함께 하였다.[66] 정세권의 조선어학회 기증과 이에 대한 이극로의 감사의
글, 유족의 기억과 증언을 볼 때 정세권과 이극로간의 인연 역시 남다르다.[67]

<hr>

[64] 건양사와 장산사 모두 정세권이 설립한 회사다. 건양사는 도시형한옥 개발을 위한
주택경영회사였고, 장산사는 조선물산장려운동을 위해 설립한 별도의 조직이었다.
[65] 이극로, 「조선어학회의 발전」, 『한글』 3-6, 한글학회, 1935, 339쪽.
[66] 안재홍, 「물산장려회의 일진전 - 그 회관 건축의 실현을 보고」, 『獎産』 2-2, 1932, 2쪽.
[67] 정세권 선생의 둘째 따님, (고) 정정식님은 조선어학회사건으로 이극로 선생이 고문당
한 후 정세권 선생을 만나러 온 것과 이극로 선생가족이 일제의 감시 하에 있을 때
정세권 선생 부인이 음식을 몰래 배달해 주었다고 증언했다(2015년 9월 1일 인터뷰).

또한 안재홍과 이극로가 조선어학회사건으로 수감되었을 때, 일제는 안재홍과 이극로를 함께 엮어 극심한 고문을 가하였다.[68]

1935년 조선어학회 표준어사정위원들의 현충사 방문 기념사진
(앞 줄 맨 왼쪽에 정세권, 둘째 줄 왼쪽에서 두 번째에 이극로, 같은 줄 네 번째에 안재홍)

출처: 한글학회.

여기서 주목할 점은 이들의 활동이 개인차원의 활동에 그치지 않는다는 것이다. 건양사 경영진이 모두 조선물산장려회에 적극적이었다는 기록,[69] 경영진 중 정세권 외 인물들이 신간회(조선일보는 신간회 기관지 역할을 자

----

[68] 조선어학회사건으로 수감 중인 안재홍에게 일제는 이극로를 직접 문초하라 지시하고 이극로가 대답하지 않을 경우 그의 뺨을 때릴 것을 강요했다. 안재홍은 이를 거절하였기에 심한 고문을 당했다. 정윤재, 『다사리 공동체를 향하여: 민세 안재홍 평전』, 한울, 2002, 71~72쪽.

[69] 방기중, 『근대 한국의 민족주의 경제 사상』, 연세대학교 출판부, 2010, 115쪽.

임)에도 참여한 점,[70] 건양사가 유독 조선일보에 집중적으로 광고를 게재한 점, 건양사가 조선일보와 함께 주택개선공모전을 개최하고[71] 안재홍이 조선물산장려회와 조선어학회 활동을 지지한 점 등은 개인 차원의 활동을 넘어서서 그들이 속한 조직들이 움직인 것으로 볼 수 있다. 따라서 이 3인간의 연계는 개인적 차원을 넘어서, 산업계 - 언론 - 학계간의 유대 속에 진행된 더 큰 차원의 조직간 연대와 활동일 가능성이 크다.

4. 맺음말

기농 정세권은 1920년 건양사를 설립한 후, 경성 내 조선인 인구가 급증하는 시대적 상황에서 대규모 한옥집단지구를 경성 곳곳에 건설했다. 그가 건설한 지역은 현재의 북촌일대(가회동, 계동, 삼청동, 인사동, 익선동 등)와 더불어 서대문지역, 동대문 외곽 창신동, 왕십리 등 서울의 여러 곳에 이른다. 정세권의 도시개발과 민족자본가로서의 민족운동 활동에 대한 의의는 다음과 같이 정리할 수 있다.

첫 번째로 경성의 북촌 지역과 외곽 지역에 대량의 한옥밀집지구를 건설하여 조선인 주거지 확보에 영향을 주었다. 1920년대 이후 일제는 늘어나는 일본인의 주거지 확보를 위해 경성 주변부에 신도시를 건설하는 방안과 함께 조선인들이 밀집한 북촌지역으로의 진출을 계획하고 실천했다. 이러한 일제의 계획과 개발은 조선인들에게는 크나큰 충격이었다. 이러한 상황에서 건양사와 같은 근대적 디벨로퍼가 나타나게 된다. 이들은 과거 귀족 소유의

---

70) 방기중, 위의 글.
71) 「주택설계도안 당선발표(전2회) 1929.5.30~31」, 『조선일보』, 1929년 5월 30일자.

대형한옥을 매입하여 아주 작은 크기의 한옥(과거에 볼 수 없었던 작은 집)을
대량으로 건설하였다. 비슷한 규모와 구조를 갖는 도시형한옥을 대량으로
지으면서 건설비를 낮출 수 있었고, 더 많은 조선인이 자기 집을 갖게 되고
북촌에 정주하게 되었다. 만약 한옥집단지구가 건설되지 않았다면, 북촌일
대는 자금력이 풍부한 일본인의 주택단지로 변모하고 자금력이 미약한 조선
인들은 경성 외부로 밀려났을 가능성이 매우 높다. 따라서 한옥집단지구는
조선인의 거주지로서 북촌일대를 지켰고 이를 통해 조선인들이 그들의 삶의
터전을 간직할 수 있다는 점에서 도시개발사적 의미가 매우 크다. 이는 한옥
이라는 조선물산을 장려한 것으로 조선물산장려운동의 일환으로 평가 받기
도 한다.[72] 정세권의 북촌일대 한옥집단지구 건설과 왕십리일대 경성 외곽
개발은 일본인 중심의 식민도시 주택 및 도시계획에 대한 저항이기도 하였
다. 이의 견지에서 '집장사'로 매도되었던 건양사를 비롯한 당대 주택경영회
사들에 대한 재평가가 필요한 부분이다.

두 번째로 정세권은 민족자본가로서 그 당시 민족운동에 참여했다. 그는
신간회, 조선물산장려회, 조선어학회 등 다양한 민족운동을 지원하고 주도적
으로 참여하였다. 그는 1920년대 초반 짧은 성공 후 장기간 침체에 빠진 조선
물산장려회를 되살리고 발전하는데 큰 공헌을 했다. 조선물산장려회관의 경
우 자비를 들여 건설했고, 전람회와 염매시 개최 등 조선물산장려 활동을
주관하였으며, 추후에는 별도의 회사인 장산사를 설립하여 기관지를 발행하
였다. 정세권이 조선물산장려회에서 손을 뗀 후 조선물산장려회가 다시 침
체기에 들어선 것에서 알 수 있듯이, 그는 조선물산장려운동의 중심인물이었
다. 정세권의 건양사가 건설한 도시형한옥을 일종의 '조선물산'으로 간주해

---

[72] 최태영, 「광산이야기와 제2차 물산장려운동」, 『대한민국 학술원 통신』 144, 대한민국
학술원, 2005, 4~9쪽.

주택의 조선물산장려운동을 확장한 것으로 볼 수 있다.[73]

세 번째로 민세 안재홍과 고루 이극로는 정세권을 각각 조선물산장려회와 조선어학회 활동으로 이끌었고, 서로 동지적 관계를 맺었다. 3인은 모두 조선물산장려회와 조선어학회에 적극적으로 참여하였으며, 특히 모두 조선어학회사건으로 모진 고문을 당하였다. 이들의 관계는 개인적인 연대를 넘어서 국내에서 이루어진 산업계와 언론계, 학계의 연합전선이었다고 볼 수 있다.

조선어학회를 재정적으로 후원하는 등 민족운동에 더 깊숙이 관여하게 된 정세권은 조선어학회사건에 연루되어 고문을 당하고 상당한 재산을 일제에 탈취당하면서 본인의 사업이 큰 위기에 맞게 된다. 뚝섬지역에 있던 본인 소유의 35,279평 부지를 대화숙에 기증하라는 압력을 받고 결국 강압적으로 탈취 당했고,[74] 그 이후로 건양사의 사업영역은 급속히 침체하였다.[75] 한국전쟁 이후 행당동 일대를 개발했으나 1920~30년대의 개발규모에 미치지 못했다. 1950년대 후반 이후 고향인 경남 덕명리로 낙향하여 주택과 공동체 개발에 힘썼다.[76] 주택협동조합을 만들겠다는 그의 계획은 큰 진전을 보지

---

73) "그 (정세권)는 좋은 사업가였다. 소모, 대목, 토목, 미장, 문 만드는 이, 구들장 놓는 이 등 집 짓는 기술 있는 건축가들을 많이 모아서 조합을 만들어 가지고 사업을 하는 데 '집부터 일본 집 짓지 말고 한옥을 짓자, 초가집 없애고 깨끗한 것 짓자'하는 것이 었다. 즉 서울 전체에 집을 물산 장려한 것이다"(최태영, 「광산이야기와 제2차 물산장 려운동」, 『대한민국 학술원 통신』 144, 대한민국학술원, 2005, 4~9쪽).

74) 정균식, 「기농 정세권의 애국 운동 줄거리」, 『한글』 131, 한글학회, 1983, 22쪽.

75) 대화숙(大和塾)은 '황도전신의 진작과 내선일체의 심화, 사상사건 관계자의 선도보호, 사상범과 가족의 숙소마련'이라는 목적으로 세워진 일종의 교화기관이다. 시국강습회나 강연회 외에 사상범들 중심의 제조, 양봉, 인쇄사업 등 부설사업을 운영하며 일상적인 감시체재 확립과 사회 일반에 대한 경고를 하는 데에 목적을 두었다. 경성 외에 청진, 평양, 신의주, 대구, 광주, 함흥에 대화숙 시설을 세웠다.

76) 정세권은 덕명리에서 협동조합을 기반으로 하는 자급자족이 가능한 농촌을 만들고자 했다. 실제 구좌당 1천 원씩 출자하는 사업을 제안했다. 「삼천포 기본사조합 발기문」, 1962년 9월 9일자.

못하였고, 1965년 9월 14일 고향인 경남 삼천포시에서 타계했다. 이후 정부는 조선물산장려회 활동, 신간회 활동, 조선어학회 지원 등 그의 공훈을 인정하여 1968년 대통령표창을 추서했고 이어 1990년 건국훈장 애족장을 추서했다.

1920년대 경성이 산업도시로 변모하면서, 신흥자본가로 성장한 정세권의 민족운동 참여는 큰 의미를 갖고 있다. 경성부의 인허가가 필수적인 부동산 도시개발사업 분야에서 사업을 하면서 민족운동에 참여하는 것은 매우 위험한 일이었다. 조선물산장려운동을 주도적으로 이끌고 조선어학회를 재정적으로 후원하는 것 역시 본업인 부동산 개발업과는 아무 상관이 없는 것으로, 실제 정세권 개인의 의지가 나타난 부분이라고 할 수 있다. 일제강점기 시기 본업인 주택지 개발을 통해 조선인 주거지 확보와 생활환경 발전에 이바지하면서 민족운동에 적극적으로 참여한 민족자본가의 존재는 흔치 않다. '집장사'라는 표현으로 과소평가된 정세권에 대한 보다 폭넓은 논의가 필요한 시점이다.

참고문헌

단행본 및 논문

구경하 · 김경민, 「1920년대 근대적 디벨로퍼의 등장과 그 배경」, 『한국경제지리학회지』 17-4, 2014.

김경민, 『건축왕, 경성을 만들다』, 이마, 2017.

김승옥 외, 『현대문학 100년, 단편소설 베스트 20 무진기행』, 가람기획, 2006.

김종근, 「서울 中心部의 日本人 市街地 擴散」, 『서울학연구』 20, 2003.

대한상공회의소, 『全國主要企業體名鑑』, 대한상공회의소, 1956.

박용규, 『조선어학회 항일투쟁사』, 한글학회, 2012.

박철진, 「1930년대 경성부 도시형 한옥의 상품적 성격」, 서울대학교 석사학위논문, 2002.

방기중, 『근대 한국의 민족주의 경제사상』, 연세대학교 출판부, 2010.

서울특별시사편찬위원회, 『서울인구사』, 서울특별시사편찬위원회, 2005.

_____, 『서울통계자료집: 일제강점기편』, 서울특별시사편찬위원회, 1993.

손정목, 『일제강점기 도시화과정연구』, 일지사, 1996.

송인호 · 김미정, 「서울도심부 도시한옥주거지의 입지와 특성」, 『건축연사연구』 23-2, 한국건축역사학회, 2014.

송인호, 「도시형한옥의 유형연구: 1930년 – 60년의 서울을 중심으로」, 서울대학교 박사학위논문, 1990.

유광렬, 「조선물산장려운동의 전모 – 민족운동사측면사」, 『인물계』 1-2, 1964.

이경아, 「정세권의 중당식 주택 실험」, 『대한건축학회논문집 – 계획계』 32-2, 대한건축학회, 2016.

_____, 「일제강점기 문화주택 개념의 수용과 전개」, 서울대학교 박사학위논문, 2009.

이금도 · 서치상, 「조선총독부 발주 공사의 입찰방식과 일본청부업자의 수주독점행태」, 『대한건축학회논문집 – 계획계』 22-6, 대한건축학회, 2006.

이태준, 「복덕방」, 『현대문학 100년, 단편소설 베스트 20 무진기행』, 가람기획, 2006.

정세권, 「건축계로 본 경성」, 『경성편람』, 홍문사, 1929.

정용서, 「조선물산장려회의 기관지 발간」, 『근대서지』 5, 2012.

정윤재, 『다사리 공동체를 향하여 : 민세 안재홍 평전』, 한울, 2002.
최태영, 「광산이야기와 제2차 물산장려운동」, 『대한민국 학술원 통신』 144, 2005.

잡지 및 기관지

『삼천리』 5-1, 1933.

『실생활』 3-4, 1932.

『실생활』 3-7, 1932.

『실생활』 3-12, 1932.

『실생활』 7-4, 1936.

『朝鮮物産奬勵會報』 1, 1930.

『奬産』 2-2, 1931.

『한글』 3-6, 1935.

『한글』 131, 1983.

신문기사

「멸망하여 가는 경성 〈중, 전3회〉 조선이 다 이렇다」, 『동아일보』, 1923년 3월 7일자.

「激增하는 日本人府民 今年에 벌서 三百名」, 『동아일보』, 1927년 5월 30일자.

「독일철학박사, 이극로씨 귀국」, 『동아일보』, 1928년 10월 28일자.

「대경성은 어대로 가나」, 『동아일보』, 1929년 10월 19일자.

「조선물산장려회관 정초식」, 『동아일보』, 1931년 6월 17일자.

「각방면유지회합 조난동포문제 협의회 조직」, 『동아일보』, 1931년 10월 29일자.

「염매시 개시식 공전의 성황」, 『매일신보』, 1931년 1월 5일자.

「종로도로개수와 일본인의 북진」, 『조선일보』, 1925년 6월 18일자.

「주택설계도안 당선발표(전2회)」, 『조선일보』, 1929년 5월 30일자.

「남기고 싶은 이야기들-조선어학회 사건」, 『중앙일보』, 1972년 11월 22일자.

「제29화 조선어학회 사건(15)」, 『중앙일보』, 1972년 12월 8일자.

「남기고 싶은 이야기들-조선어학회 사건」, 『중앙일보』, 1972년 11월 22일자.

「김경민의 도시이야기 - 건축왕, 경성을 만들다」, 『프레시안』, 2015~2016년.

「건축왕, 한 달 만에 한옥 37채를 만들다」, 『프레시안』, 2015년 10월 22일자.

웹페이지

한국민족문화대백과사전(http://encykorea.aks.ac.kr).
오미일, '한국독립운동의 역사' 제36권 독립기념관 한국독립운동사 정보시스템
　　　(http://search.i815.or.kr/main.do).

기타

「삼천포 기본사조합 발기문」, 1962년 9월 9일자.

해방 이후 이극로의 정치 활동과
통일 민족국가 인식

박용규 (고려대 한국사연구소 연구교수)

1. 머리말

이극로는 조선어학회를 이끌며 언어 독립운동을 전개하였기 때문에, 1942
년 10월 1일 일제에 체포되어 함남 홍원경찰서에 구속되었다. 안재홍도 1942
년 12월 같은 조선어학회 사건에 연루되어, 같은 경찰서에 구속되었다. 안재
홍은 100일이 되는 1943년 3월에 석방되었는데, 9차 옥고였다.

홍원경찰서에서 일제 형사가 안재홍에게 이극로의 뺨을 때리라고 강요하
자, 안재홍이 이를 거절하며 "나는 죽으면 죽었지 저 친구의 뺨을 칠 수가
없소"하고 말하여 자신의 결기를 보여주었다.[1]

---

[1] 『민세안재홍선집』 3, 지식산업사, 1991, 441쪽. 이극로와 안재홍의 관계는 일제강점기
뿐만 아니라 해방정국기에도 긴밀하였다. 두 사람은 조선어사전편찬회와 조선어학
회의 표준어 제정도 함께 하였고, 조선기념도서출판관의 조직, 물산장려회 이사로써
활동하였다. 안재홍은 이극로가 이끈 조선어사전편찬 사업을 지원하라는 글을 기고
하였고, 조선어학회 사건 때에 같이 수감되기도 하였다. 해방 뒤에는 두 사람은 미소

이극로는 일제로부터 징역 6년형을 언도받고 함흥형무소에서 복역하였다. 함흥형무소에서 간수로부터 일제가 항복했다는 말을 들었다. 1945년 8월 17일 출옥하였다.

해방 이후 한국 민족의 과제는 일제 식민지 잔재의 청산과 통일 민족국가의 건설에 있었다. 함흥형무소에서 출옥한 이극로도 한국 민족의 과제를 실천하는 데 참여하였다. 그는 조선어학회를 재건하여 한글전용운동과 한글보급운동을 전개하였다.[2] 미군정청의 통치에도 관여하여 초등학교 의무교육제도를 관철시켰다.[3] 동시에 미·소군정의 조속한 철폐와 자주적인 통일 민족국가 건설에 매진하였다.

한국민족의 힘만으로 일제를 축출하지 못했기에, 해방 이후 한반도에는 미군과 소련군이 들어와 남쪽과 북쪽에 군정을 실시하였다. 이극로도 애국지사들과 힘을 합쳐 통일 민족국가를 수립하는 운동에도 참여하였다. 민족분단을 막고자 그는 좌우합작운동, 남북협상에 참여하였다. 그는 중도파 정치노선을 걸었다.[4] 1948년 4월 평양에서 열린 남북협상에 참여하였고, 그곳에 잔류하였다. 그는 친일파 청산이 잘 된 북한에 잔류하기로 결정하였다.

공위대책 각 정당사회단체 협의회를 조직하였고, 좌우합작위원회 위원으로, 민주독립당을 결성하는데 주도적인 일을 하였다.

[2] 박용규, 「해방 후 한글운동에서의 이극로의 위상」, 『동양학』 제45집, 2009, 2.

[3] 이극로는 1945년 9월 미군정의 교육문제 회의에 참석하였고, 미군정청 문교부의 자문기관인 조선교육심의회에서 위원으로 활동하였다. 조선교육심의회의 초등교육부 위원장으로 활동하면서, 1946년 9월부터 역사적인 국민학교 의무교육제도의 실시를 보게 하였다.

[4] 서중석은 중도파(또는 중도노선세력)를 해방정국기 여운형·김규식 노선을 지지하는 세력을 지칭한다고 주장하였다(서중석, 「중간파인가, 중도파인가, 합작파인가?」, 『역사용어 바로쓰기』, 역사비평사, 2006, 171쪽). 좌우합작위원회와 남북협상을 통해 민족의 정치적 역량을 결집하여 통일 민족국가를 건설하려 한 정치세력이라 할 수 있다.

지금까지 그에 대한 선행 연구를 통해 해방정국기 중도우파로 통일 민족국가 수립을 위해 좌우합작운동을 전개했다는 점과 한글운동에서 활약을 하였다는 점을 밝혀내었다.[5]

본고에서는 새로 발굴한 자료를 중심으로 이극로의 통일 민족국가 건설운동의 전체상을 살펴보고자 한다.[6] 우선 해방 3년간 그의 정치활동과 노선을 살펴보고, 이어서 그의 통일 민족국가에 대한 인식을 검토하고자 한다.

2. 해방 이후 정치 노선과 활동

1) 전국정치운동자후원회 조직

이극로는 1945년 출옥 후 자주적 통일 민족국가 건설운동에 참여하였고, 조선어학회의 재건에도 힘썼다.

해방 이후 정치활동의 재개가 활발해져 수백 개에 달하는 정당이 속출하였다. 일제의 고문 후유증으로 병중에 있던 그를 찾아온 인사들은 그에게

---

5) 이종룡, 「이극로 연구」, 부산대학교 교육대학원 석사학위논문, 1993; 서중석, 『남·북 협상 - 김규식의 길, 김구의 길』, 한울, 2000; 박용규, 『북으로 간 한글운동가 이극로 평전』, 차송, 2005; 박용규, 「해방 후 한글운동에서의 이극로의 위상」, 『동양학』 제45집, 2009.

6) 해방정국기 그가 신문과 잡지에 기고한 다음의 자료를 필자가 새로 발굴하였다. 민족국가 건설운동 자료이다. 「죽엄으로 신탁통치에 항거하자 - 다만 혈전주의로」, 『조선일보』, 1945년 12월 29일자; 「土道三素」, 『나의 포부와 희망』, 신생활협회, 1946; 「사천년의 역사가 있다」, 『大潮』, 1946; 「전진하는 민족」, 『중외정보』, 1946(연세대 도서관 소장); 「조선국민운동의 이념과 청년운동의 지침(一) 건민주의」, 『동광』, 1947; 「삼두정치론」, 『민성』, 고려문화사, 1946; 「미소공위 속개와 나의 제언」, 『독립신보』, 1946년 12월 10일자; 「朝鮮 民族性과 民主政治」, 『개벽』 77호, 1948; 안석제, 「조선건민회의 이념」, 『웅변학과 연설식사지침』, 연학사, 1949 등이다.

정당 만들기를 권하고, 회장이나 당수가 되어 달라고 간청하였다. 그러나 그는 정당의 당수로 나서기를 거부하였다.

그는 "우리는 때와 방법을 가려야 된다. 지금은 우리들에게는 아무런 정치활동(政治活動)의 무대(舞臺)도 주어지지 않았다. 그리고 정치활동에 앞서서 아직도 민족혁명(民族革命)이 덜 되었다. 독립혁명(獨立革命)이 아득하다. 그러니 만일 이때에 우리가 혁명당(革命黨)을 꾸민다면 그 때는 내 비록 무디나, 즐겨 앞에 서서 목숨을 조국(祖國)에 걸고 싸워 나가겠다. 그렇지 못한다면 차라리 때를 기다리는 것이 낫겠다."[7]고 하였다.

당시 한반도가 미소의 분할점령 상태에 있다고 그는 인식하고 있었다. 미소의 분할점령상태를 극복하기 위해서는 난립되어 있는 우리의 정당을 정비하고 통일할 필요가 제기되었다. 그래서 그는 1945년 9월에 정치운동자의 정당 활동을 도울 목적으로 배성룡, 이경석과 함께 전국정치운동자후원회(全國政治運動者後援會)를 조직하고, 위원장으로 일을 맡아보았다.[8] 이 단체는 정치지도자들의 건국 사업을 돕고자 한 의도에서 등장하였다.[9]

그러나 그의 의도와는 반대로 미군정의 통치가 강화되고, 정계는 좌우로 나뉘어져 극렬히 대립하기만 하였다.

한편, 1945년 말 미소는 모스크바삼상회의(12. 27)의 결정서를 발표하였다.[10] 그런데 동아일보는 이 결정서 가운데 연합국의 신탁통치안만을 부각

7) 유열, 「스승님의 걸어오신 길」, 『고투사십년』(이극로 저), 을유문화사, 1947, 86쪽.
8) 『매일신보』, 1945년 9월 3일자; 『자료 대한민국사』 1, 45쪽. 같은 해 9월 24일 정치운동자후원회관에서 좌우 정당의 통일을 위해 30여의 비정치단체가 대표회를 개최하였는데, 교섭위원 10인(이극로, 백남운, 배성룡, 임화, 이경석, 김종상, 최장민, 서신원, 정순갑, 임천규) 가운데 이극로도 들어갔다. 『매일신보』, 1945년 9월 24일자; 『자료 대한민국사』 1, 144~145쪽.
9) 이극로, 「조선건민회의 이념」, 『웅변학과 연설식사지침』(안석제 저), 연학사, 1949, 120쪽.

하여 발표하였다. 이 회의에서 소련이 조선에 대해 신탁통치를 주장하였다는 동아일보의 논조(12. 28)에 대다수 인사들도 말려들었다. 이극로도 이 주장에 말려들었다. 당시 한국민주당은『동아일보』를 기관지로 활용하고 있었고, 역시 신탁통치를 배격한다는 결의문(12. 27)을 발표하였다.[11] 이극로는 「신탁주장국은 우리의 유일적(唯一敵)」이라는 글에서 "어떠한 나라를 막론하고 이러한 것을 주장하는 나라는 우리 삼천만민족이 유일한 적으로 취급하고 최후의 일인까지 혈투할 각오를 해야 한다."[12]라고 하였다.

아울러 그는 조선일보의 신탁통치 반대 논조(12. 29)에도 동조하여 「다만 血戰主義로 손을 맞잡고 民族統一, 이극로씨 談」에서 "내가 늘 부르짖는 혈전주의를 인제 실천으로 행동에 옮길 시대가 돌아왔다. 또한 남녀노소를 막론하고 또한 우니 좌니 할 것 없이 손에 손을 맞잡고 우리의 민족통일과 자주독립국가 건설에 싸울 때는 왔다. 조선은 결국 조선이다. (중략) 우리의 앞에는 다만 민족통일이 있을 뿐이니 하루빨리 민족통일을 결속전개하라. 사상이니 이론이니 계급이니 할 때가 아니다. 우선 찾을 것을 찾아놓고 볼 일이 아닌가 어찌 또 조국이 없는 가엾은 생을 지속할 수 있겠느냐 그렇다면 차라리 죽음을 택하는 것이 국민으로서의 최대의 의무다. 싸우자 어데까지 싸우지 않으면 안된다. 우리 전진목표는 다만 혈전주의뿐이다."[13]라고 흥분한 상태로 신탁통치를 비판하고 있었다.

10) 협정내용은 임시 조선민주주의정부의 수립, 미소공동위원회의 설치, 조선의 민주주의 정당 및 사회단체와의 협의, 4대국(미·소·중·영)에 의한 신탁통치 실시방침의 최종 확정 등으로 되어 있었다. 미·소 양국이 한반도를 분할 점령한 상황에서 나온 합의안이었다.
11) 강만길 외,『통일지향 우리민족해방운동사』, 역사비평사, 2000, 299쪽.
12) 이극로,「신탁주장국은 우리의 유일적(唯一敵)」,『동아일보』, 1945년 12월 28일자.
13) 『조선일보』, 1945년 12월 29일자.

이어서 그는 「사천년의 역사가 있다」라는 글에서 "조선은 아직 자주 독립
할 능력이 없어서 신탁통치를 한다는 것은 우리의 역사를 무시하고 우리민
족을 모욕하는 말이다. 조선은 삼십육년 전까지 독립국이었던 사천여년의
역사가 있었고 사실에 있어서 우리는 지금 독립국가로서 넉넉히 살아나갈
자신이 있다. 그런데도 불구하고 조선에는 지금 오십여 정당이 난립하였으
니 질서가 파괴되었느니, 하여서 신탁통치를 한다면 그것은 오해에 지나지
않는다. 양(洋)의 동서와 시(時)의 고금을 통하여 어느 국가를 막론하고 건국
당초에는 그만한 혼돈은 당연히 있는 법이다. 그러므로 만약 어느 나라이던
지 우리의 독립을 허락하지 않는 나라가 있다면 그것은 큰 오해일 것이다.
우리 삼천만은 한맘 한뜻으로 열과 성을 다하여 신탁과 싸우지 않으면 안
된다."[14]라고 절규하는 글을 발표하였다.

이에 이극로도 다른 인사들과 마찬가지로 대한민국임정정부 세력의 신탁
통치반대국민총동원위원회의 중앙위원[15]에 선임(12. 30)되어 신탁통치 반대
주장을 강력히 주장하게 된다.

이 시기 이극로는 신탁반대운동을 하며 김구를 그림자처럼 따라 다녔다고
한다.[16] 김구는 1945년 11월 23일 귀국하였다. 이극로는 일제시대 1919년 상
해시절 대한민국 임시정부 요인을 돕는 유학생 총무로써 활동하였다. 안창
호, 박은식, 이동휘, 김원봉, 이범석, 김두봉, 윤기섭 등과 함께 보냈다. 또한
김구의 명성에 대해 익히 알고 있었다. 그래서 그는 해방이 되어 온갖 고초를
겪고 서울에서 다시 만난 임정의 선배들을 한없이 기뻐하였고, 이들을 경모

---

14) 이극로, 「사천년의 역사가 있다」, 『大潮』, 1946, 208~209쪽. 이 잡지는 신탁통치반대특
　　집으로 이극로의 이 글과 백세명의 「삼팔선과 신탁통치」와 최열의 「신탁통치와 조선
　　의 운명」을 게재하였다.
15) 「신탁통치반대국민총동원위원회 중앙위원 선임」, 『서울신문』, 1946년 1월 1일자.
16) 안호상, 『한뫼 안호상 20세기 회고록』, 민족문화출판사, 1996, 231쪽.

하였다.[17] 이 시기 이극로는 대한민국임시정부 세력의 신탁통치 반대노선에 동조하고 있었던 것이다. 그가 모스크바 삼상회의의 내용 가운데 '미소공위를 통한 임시정부를 수립한다.'에 대해 전모를 모르고 있었던 것으로 판단된다. 그는 우익신문이 왜곡한 내용만을 전부로 인식하였던 것이다. 그래서 그는 신탁통치 문제에만 매몰되었다. 이러한 점이 이 시기 이극로의 정세 인식의 한계라고 할 수 있다.

해방정국에서 전개된 반탁운동은 미국과 소련 간의 협의 사항을 반대하고, 좌우합작을 통한 통일정부 수립의 길을 반대하는 정치운동이었다. 당시 미소가 한반도를 분할 점령하고 있는 상황에서 좌익과 소련의 존재를 부인하는 것은 곧 합의를 통한 통일정부의 수립을 반대하는 것이었다. 이 운동은 제1차와 제2차에 걸친 미소공동위원회를 적극 반대하였으며, 이를 결렬시키는 활동을 하였다.[18]

2) 통일정권촉성회 조직

1945년을 넘기고 좌우의 분열을 극복하고자 그는 1946년 1월 31일에 정열모, 배성룡, 이경석, 김호, 유석현, 이우식 등과 함께 통일정권촉성회를 조직하여 좌우정당의 즉시합작과 정쟁의 중지를 바라는 성명서를 발표하여 각 정당의 정객 및 정치단체의 각성을 촉구하였다.[19]

아울러 그는 1946년 2월에 우익의 비상국민회의와 좌익의 민주주의민족

---

17) 이극로, 「상해에서 유학생 총무로」, 『조광』 제12권 제1호, 1946, 75쪽.
18) 박태균, 「반탁은 있었지만, 찬탁은 없었다」, 『역사용어 바로쓰기』, 역사비평사, 2006, 159쪽 재인용.
19) 「통일정권촉성회, 좌우정당의 즉시합작을 희구하는 성명발표」, 『조선일보』, 1946년 2월 4일자.

전선에 참여하여 좌우의 통일에 노력하였으나, 실패로 돌아가자 두 단체에서 탈퇴한다는 성명서를 발표하였다. 그는 대외적으로 미소의 간섭과 대내적으로 좌우 양익의 첨예한 대립이 심각해져 조국의 독립이 지연됨을 알고 동지들과 밤낮을 가리지 않고 두 진영을 다니며 독립을 위해 행동 통일을 하자고 빌기도 하고 애원도 하였다.[20]

다음의 성명을 통해 우리는 그가 좌우합작에 의한 통일국가 수립을 지향하고 있었음을 알 수 있다.

"조선어 학회 성명"

본회는 비상국민회의에 초청장을 받고 참석한 것은, 좌우 양익의 합작으로 통일국가의 건설에 힘을 같이하는데 있었다. 본 회의 대표 이극로는 해방 후에 제일 먼저 정치 통일 공작에 다각적으로 운동하여 오는 중, 이번 이 회의에 출석하였고, 또 대회석에서 좌측에 교섭하는 위원의 한사람이 되어서, 성의와 노력을 다하여 왔다. 그런 중에 또 민주주의 민족 전선 결성 대회의 초청장을 받고서 여기에 참석한 것은, 최후의 성의를 다하여 조국건설(祖國建設)에 천추의 한이 없도록 힘쓴 바인데, 그때의 모든 정세(情勢)는 결국에 통일의 목적을 달하지 못하였다. 그래서 본회 대표 이극로는 민족분열 책임을 지지 못하겠으므로 비상국민회의와 민주주의민족전선 결성 대회에 탈퇴함을 성명한다.

1946년 2월 15일

조선어학회 대표 이극로[21]

두 단체에 탈퇴하면서 그는 민주주의민족전선에 정당성을 지적하고, 그

20) 이극로, 「조선건민회의 이념」, 120쪽.
21) 이극로, 『고투사십년』, 을유문화사, 1947, 271~272쪽.

발전을 기원하였다.[22] 이후 그는 1946년 2월 28일부터 부산 방면으로 한글 강연을 하고자 순회에 나섰다.[23] 이 시기 이극로는 진주극장에서 한글보급 강연을 하고서, 고향인 의령으로 와 사석에서 "한글이 민족을 살리는 길이다. 김구 선생 다음에는 내 차례다."[24]라는 말을 하였다고 한다.

모스크바 3상회의의 결정에 따라 미소공위가 1946년 3월 20일 서울 덕수궁에서 개최되었는데, 임시정부 수립을 위한 정당사회단체의 참가 자격을 두고서 미소의 의견이 달라 휴회에 들어갔다(1946. 5).

그러던 중 1946년 6월 3일 이승만이 정읍에서 남한만의 단독정부 수립을 발표하여 분단으로 가는 첫 번째 발언을 남기자, 이에 대해 6월 8일 이극로와 이준 열사의 아들 이용이 이를 반대하는 담화를 발표하였다. 조선어학회 주간으로 이극로는 이승만의 단독정부 수립 획책을 신랄히 비판하였는데, 그 내용은 다음과 같다.

> 남조선단독정부 수립에는 찬성할 수 없다. 적어도 삼천만 우리 조선동포
> 는 삼천리강산을 아동 주졸(走卒)에 이르기까지 한 나라 한 덩어리로 여기
> 고 있는 만큼 단독정부는 단호 반대한다. 일반 정치가들은 좀 늦어지더라도
> 성의를 보여 통일정권을 수립해주기 바란다.[25]

남한단독정부의 수립 대신에 좌우합작에 의한 남북한 모두가 참여하는 임시 민주주의정부, 즉 통일정부를 수립해야 한다고 역설하였다.

---

22) 「조선어학회 대표 이극로, 정계은퇴 성명」, 『서울신문』, 1946년 2월 19일자.
23) 「한글보급강연 이박사 영남순회」, 『한성일보』, 1946년 3월 5일자; 『한글』 1946년 5월, 71쪽.
24) 이중세씨의 증언(1927년생, 의령 출신으로 이극로의 인척임, 81세). 2006년 5월 11일 필자에게 해준 말씀이다.
25) 『서울신문』, 1946년 6월 8일자; 『자료 대한민국사』 2, 1969, 724~725쪽.

3) 조선건민회 조직과 좌우합작운동 전개

이후 국제 정세와 국내의 제반 정세를 관망한 이극로는 1946년 6월에 조선
건국의 정치운동자를 후원하던 전국정치운동자후원회를 해소(解消)하고,
우리 동포를 살리는 길은 독단과 오해와 상쟁(相爭)을 버리고 남북 좌우의
민족이 단합하는 오직 건민운동(健民運動)에 있다고 판단하여 새로운 정치
사회단체를 조직하였다. 그 단체가 곧 조선건민회(朝鮮健民會)다. 결성대회
는 1946년 6월 16일 조선연무관에서 백여 명의 회원과 내빈 다수가 참석한
가운데 이루어졌다. 여기에 고문으로 윤세복, 권동진, 위원장에 이극로, 부위
원장에 이경석, 윤치형이 선임되었다.

한편, 미군정이 주도하여 좌우합작운동을 추진하자, 그는 김규식 · 여운형
중심의 좌우합작운동에도 대찬성을 하였다. 건민회 이극로는 '민중이 좌우합작
으로 임정(臨政)이 수립되기를 갈망하고 있는 것은 사실이다'라고 하면서, 좌우
합작에 대한 비책(秘策)으로 "합작의 원칙문제는 조선민족의 양심만이 발로
되면 된다. 친일파 민족반역자에 대해서는 지금이라도 위원회 같은 것을 조
직해서 곧 처단하는 혁명정신과 수단이 필요한 줄로 안다."[26]라고 밝혔다.

이후 그는 미소공동위원회의 조속한 속개를 주장하여 남북을 통일하는 임
시정부를 수립하자는 주장을 강력히 피력하게 된다. 미소공위 속개에 대해
조선건민회에서는 현 단계 좌우합작운동을 남북합작운동으로 전향적으로 지
향할 것을 주장하면서, 그 실현 방안으로 ① 현 단계의 정치동태에서 좌우합작
운동은 남조선에 국한한 협의의 성격임으로 이를 광의적으로 비약할 것 ②
남북의 민생도탄 현실을 거울삼아 미소공위 속개를 급히 요구할 것 ③ 남북

---

26) 「좌우합작은 가능한가?」, 『신세대』 제1권 제4호, 1946, 59쪽.

합작운동은 실질적으로 남북정당 및 사회단체대표로서 구성요소를 개조할 것 등을 제시하고 있었다.[27) 이것은 1946년 11월 23일 조선건민회 성명서에서 나온 것인데, 남북의 통일은 궁극적으로 미소공위 속개를 통한 남북당사자 간의 참여에 의해 이루어져야 함을 역설한 주장이었다. 이러한 주장은 좌우합작운동이 남북협상의 모체가 된 점에서 그 역사적 의의를 갖는다.[28)

다음은 1946년 12월 10일자『독립신보』에 게재된 미소공위 재개를 통한 남북한 통일정부 수립을 기원하는 조선건민회 위원장 명의의 그의 주장이다.

> 미소공위를 재개하야 조선에 남북을 통일한 임시정부를 수립하여 달라는 것은 남녀노소를 막론하고 삼천만동포가 다같이 바라는 바이다. 원래 조선반도는 수 천년 동안 단일민족이 살고 있는 땅임으로 삼팔선으로 서로 갈라놓은 것은 우리의 한 몸뚱이의 허리를 잘라 논 것과 같다. 그러므로 조선민족을 살리려면 첫째 이 삼팔선을 없애야 한다. 삼팔선을 없애는 구체적인 방도가 미소공위속개로 통일정부를 수립하는 것이다. 이 통일정부가 서야 비로소 민생문제도 해결될 것이다. (중략)
>
> 우리나라를 세우는 데는 사상의 좌우라는 것이 하등 건국의 지장이 되는 것이 아니다. 이 지구상의 어느 나라를 물론하고 좌우의 두 노선이 없는 나라는 없다. 우리나라를 건설하는데 오직 한 가지 방해물은 일제시대의 친일하고 민족을 반역하든 무리들의 책동인 것이다. 우리나라가 해방된 것이 주체국의 혁명세력으로만 된 것이 아니요 연합국의 대일전승이 가져온 해방인 까닭에, 혁명당이 혁명당으로서 충분한 직능을 다하지 못하게 되였든 까닭에, 친일파 민족반역자는 군정을 업고 일부 혁명인사를 업고 갖은

---

27) 「합작의 전기적 지향제시 건민회서 성명」,『독립신보』, 1946년 11월 24일자.

28) 분단 71주년인 올해에도 이 주장은 우리가 통일을 이루려면 반드시 남북협상에 의한 대등 통일이어야 한다는 점에서 유효하다.

모략을 다하여 건국을 방해하고 있는 것이다. 물론 이와 같이 친일파 민족반역자당이 발악을 하게 된 것은 혁명당들이 최초부터 친일파 민족반역자 처단을 예언하였기 때문에 그들에게 방어전을 전개할 여유를 주었기 때문이라는 것도 사실이다. 그러나 우리나라의 주체적인 일제에 대한 항쟁이 없었던들 또한 우리는 해방되지 못하였을 것이다.

따라서 나는 미소공위에 대하야 임시정부를 조직할 수 있는 자격자를 혁명투사와 고절주의자의 이종(二種)에 제한하기를 제언한다. 즉 전자는 조선의 자유 독립을 위하여 투쟁한 역사가 있고 그로 말미암아 적에게 형을 받았고 끝까지 변절치 아니한 자와 조선의 자유 독립을 위하여 투쟁한 역사가 있고 그로 말미암아 적에게 형을 받은 일은 없으나 끝까지 변절하지 아니한 자요 후자는 조선의 자유 독립을 위하여 투쟁한 역사는 없으나 우국지사로서 끝까지 변절치 아니한 자의 삼자에 소속된 인사로서 임시정부 수립을 일임할 것이다.[29]

이처럼 그는 8·15해방을 연합국의 승리와 한국민족의 독립운동의 결실로 보고, 좌우익의 노선이 공존한 채 미소공위를 속개하여 임시정부를 수립해야 한다고 주장하였다. 임시정부의 수립의 담당자로 그는 친일파가 배제된 민족혁명투사와 변절 없는 우국지사로만 일임해야 할 것을 내세우고 있었다. 그러나 친일파가 잔존한 한민당과 반탁운동 진영은 이러한 그의 주장에 동의할 리가 만무하였다.

미소공위의 속개를 통한 그의 임시정부의 수립 주장은 1947년 1월에도 계속되었다. 건민회는 "우리는 임시정부를 수립키 위하여 미소공위 속개를 갈망하는 바이다. 반탁찬탁 1년을 경과한 오늘까지의 민생문제를 인식하는 데에

29) 이극로, 「미소공위 촉개와 나의 제언」, 『독립신보』, 1946년 12월 10일자; 『한국현대사 자료총서』 4권, 돌베개, 61쪽.

서만이 정치문제는 근시안적 견해보다 원시안적 인식에서 민족운동을 전개하지 아니하면 안된다. 미소양방의 외교적 서한문제로 반탁이나 찬탁의 기세를 재연하는 것은 자승자박을 초래하는 것이다. 국제정세를 이해하고 임정수립의 민족적 요청을 관철하는 데 노력할 것이다."[30]라는 담화를 발표하였다.

좌우합작위원회를 중심으로 미소공위의 성공을 위해 행동 통일을 촉진하고자 1947년 2월에 (민족)통일전선결성준비위원회를 구성하였는데, 건민회도 합류하였다. 이극로는 조봉암, 배성룡, 김약수, 안병무 등과 참여하여 상임위원에 피선되었다. 이 조직이 확대 발전하여 3월에 민주주의 독립전선 준비위원회가 만들어지게 되었다. 위원회는 이극로가 중심이 되어 결성하였다. 그가 위원장에 선임되며, 조봉암, 배성룡, 이경석 등이 참여하였다.

이들의 결의사항은 다음과 같다. 1. 좌우와 남북을 통한 민족통일공작의 적극적 추진 2. 파쟁과 동족상잔행위 절대배격 3. 테러행위 절대배격 4. 민생확립책의 건립 5. 사대주의 배격 등을 내세웠다.[31] 이어서 민주주의 독립전선 준비위원회는 3월 25일 "우리는 굳게 자주성을 견지하고 내로 동포상잔을 피하고 민족통일을 완수할 것이며 외로는 국제협조를 강조하고 특히 우리민족으로는 미소양국으로 하여금 상잔과 마찰을 일으킬 위험 있는 행위는 절대로 삼가야 할 것이다. 이러함으로써만 국제적으로 약속되어 있는 臨政도 수립되고 자주독립도 可期할 것이다."라는 담화를 발표하였다.[32] 이처럼 준비위원회는 미소양국 등 국제협조 안에서 좌우익세력이 참여하여 임시정부를 수립할 것을 주장하였다. 이를 위해 민족 간에 이념의 차이로 상잔이나 미소 등 외세 가운데 어느 한 나라에 치우치는 외교를 해서는 임시정부 수립

---

[30] 「임정수립 최급 건민회 담화」,『조선일보』, 1947년 1월 21일자.
[31] 「통일추진 등 민주독립전선 결의사항 발표」,『독립신보』, 1947년 3월 19일자.
[32] 「동포상잔 행위는 독립을 지연 獨戰담화 발표」,『독립신보』, 1947년 3월 26일자.

이 불가능할 것으로 경고하였다.

아울러 3월 29일 민주주의 독립전선 주최로 각 단체연합간담회(임시집행부 의장 이극로·이동산·조봉암)를 열었는데, 입법의원에서 논의 중인 '부일협력자 민족반역자 전범 간상배에 대한 특별법률 조례초안'을 검토한 뒤, 이 법안이 즉시 통과 실시되기를 바라며 이 법안의 통과 실시 이전에는 선거를 시행하는 것을 거부하기로 결의하였다.33)

한편, 이극로는 4월 4일 혁명투사 김원봉이 미군정 재판에 회부된 것을 비판하였다.34)

또한 같은 해 5월에는 제2차 미소공위가 재개되었다. 그는 미소공위를 적극 추진시키기 위해 중간노선 정당사회단체 67개 단체를 규합하여 5월 28일 미소공위대책 각정당사회단체 협의회를 여운형, 홍명희, 안재홍, 원세훈 등과 조직하였다. 그는 여기에서 부주석에 취임(주석 김규식)하였다.35)

같은 해 6월 15일에는 그도 좌우합작위원회 위원으로 선임되어 활동을 시작하였다.36) 미소공위에 참가하여 임정수립을 하고자 정당 사회단체대표에 그도 6월 22일 공협(미소공위대책 각정당사회단체 협의회) 부대표(대표 김규식)로 참가하였다.37)

33) 「각 단체연합간담회, 입법의원의 부일협력자 등에 대한 법률안 지지」, 『조선일보』, 1947년 4월 1일자. 한편 동아일보는 「부일협력자 등 처단문제를 논함」(1947년 4월 30일)이라는 사설을 통해 이 문제를 정식 정부수립 뒤에 다루자고 회피하였다.
34) 「혁명애국투사 천대는 憂慮事, 건민회 이극로씨 談」, 『자유신문』, 1947년 4월 5일자.
35) 『서울신문』, 1947년 5월 30일자; 『자료 대한민국사』 4, 776~777쪽.
36) 1947년 6월 13일에 이극로(민주주의독립전선)·김호(신진당)·이시열(불교)·김시현(고려동지회)·오하영(독촉)·박주병(민주한독당) 등 17명이 추가되었다. 『조선연감』, 1948, 439쪽.
37) 『경향신문』, 1947년 6월 22일자; 『조선일보』, 1947년 6월 22일자; 『자료 대한민국사』 4, 890~891쪽.

미소공위대책 각정당사회단체 협의회 앞에서
이극로 모습 (1948년 KOREA 수록)

출처: 몽양여운형생가 · 기념관.

좌우합작 위원회의 위원들과의 기념 촬영
(앞줄 오른쪽 첫 번째가 이극로, 가운데 김규식, 왼쪽으로 한 사람 건너 안재홍)

출처: 몽양여운형생가 · 기념관.

그러나 반탁운동세력은 미소공위 참여를 반대하였고, 참여 대표들에 대한 반대 시위까지도 서슴지 않았다. 1947년 6월 23일 이들은 소련군 대표에게 돌을 던지는 등 과격한 시위를 하여 미소공위를 결렬시키고자 하였다.[38]

1947년에 들어가면서 미국에 간 이승만이 그곳에서 남한 단독정부 수립을 강력히 주장하고, 미국 국무성도 단독정부 수립 계획을 시사한 후 제2차 미소공동위원회가 사실상 결렬(7. 10)되었다. 더욱이 좌우합작위원회의 좌측 주석이던 여운형이 암살되었다(7. 19). 이극로는 여운형 인민장 장의위원회 의장에 김규식, 김원봉, 장건상, 허헌, 최동오, 홍명희 등과 함께 선임되었다.[39]

이후 미국은 모스크바 3상회의 결정을 버리고 한반도 문제를 자신의 지지세력이 절대 유리한 유엔으로 가져감으로써 단독정부 수립안을 확정시켰다.

이러한 국내외 정세의 변화로 좌우합작운동이 난관에 부딪치자, 이극로는 9월 6일 김병로·안재홍·김호·홍명희·김원용·박용희 등과 완전한 자주독립국가의 건설을 염원하는 7인 공동성명을 발표하였다.[40] 이들은 사대편향을 배제하고 극좌경향과 극우보수를 아울러 방지하고 만민이 공생할 수 있는 신민주노선으로 완전한 자주독립을 지향하는 새로운 정당을 결성하고자 하였다. 결국 정치적·경제적 완전 자주를 확보하고 민족독립을 목표로 이들은 다음달 10월에 민주독립당을 결성하게 된다. 민독당 선언문(10. 19)에서 이들은 "우리가 민족적 총력량을 집결하여 정정당당하게 '카이로', '포츠담'의 공약실천을 연합국에 요구하면 우리의 정당한 요구를 연합국이 무리하게

38) 박태균, 「반탁은 있었지만, 찬탁은 없었다」, 『역사용어 바로쓰기』, 역사비평사, 2006, 160쪽 재인용.
39) 「서울운동장에서 인민장을 거행」, 『자유신문』, 1947년 7월 21일자; 「인민장 장의위원회를 결성」, 『경향신문』, 1947년 7월 22일자.
40) 「공동선언서, 민족독립의 절대적 사명에 小異를 버리고 大同을 약속」, 『한성일보』, 1947년 9월 9일자.

말소하진 못할 것이다."[41]라고 하여 연합국에 요구하여 한국민족의 독립국
가 건설을 이룩하자고 주장하였다.

4) 민족자주연맹에서의 활동과 남북협상 참여

한반도 문제가 유엔으로 넘어감으로써 남한만의 단독정부 성립 가능성이
높아지자, 단독정부 수립 반대운동이 일어났다. 좌우합작을 주도하던 김규
식은 여운형 암살 이후 중도파 세력을 규합하여 좌우익 편향을 배제한 채
민족의 자주노선을 표방하는 '민족자주연맹'을 결성(1947. 12. 20)하여 활동하
였다.

이극로가 이끈 조선건민회도 민족자주연맹의 산하단체로 참가하였다. 그
도 여기에 적극 참여하여 민족자주연맹 준비위원회 선전국장과 민족자주연
맹 집행부 부의장(의장 김규식)을 맡기도 하였다.[42] 1947년 12월 3일에 민연
(민족자주연맹)준비위원회 선전국장 이극로는 남조선단독정부를 인정할 수
없으며, 남북을 통한 중앙정부의 구성과 총선거의 실시를 주장한다고 발표하
였다.[43] 이들은 남조선단독정부설을 비판하며 남북을 통한 총선거로 통일정
부 수립을 주장하였다.

1947년 12월 한국민주당 정치부장 장덕수가 암살되자, 민연 이극로는 "이
러한 민족상잔은 우리의 5천년의 광휘 있는 역사를 더럽히는 것으로 하루라
도 속히 이런 행위는 박멸치 않으면 민족의 위기는 더욱더 심각해질 것이다."

41) 「민독당선언, 거족적 위기대처 민족운동을 전개」, 『한성일보』, 1947년 10월 21일자.
42) 『서울신문』, 1947년 12월 23일자; 『대한민국사』 5권, 국사편찬위원회, 1972, 766・876쪽.
43) 『경향신문』, 1947년 12월 4일자; 『서울신문』, 1947년 12월 4일자; 『자료 대한민국사』
   5, 766~767쪽.

라고 테러를 비판하였다.[44]

1948년에 들어가 유엔은 그 소총회에서 단독선거·단독정부 수립안을 결정(2. 26)하였다. 여기에 대하여 김구·김규식을 중심으로 한 우익 및 중간파 세력도 단독정부 수립 반대운동을 펼쳤다.

3·1절을 맞아 이극로는 만일 이진룡 의병대장이 오늘날 완전 통일자주독립을 못하고 있는 조선의 현실을 본다면 정의에 불타는 칼날을 뽑아 올바른 조선을 세웠을 것이라고 발언하였다.[45]

3월 10일 조선건민회 위원장인 이극로는 유엔 소총회의 결정을 반대하는 담화를 발표하였다. 그는 "UN소총회는 조선민족의 요구를 무시하고 '가능한 지역 내에 총선거로 중앙정부수립'안을 결정하였으나, 우리는 이 결정에서 오는 단선 단정은 반대 배격하며 다만 앞으로 양군철퇴와 남북통일 완전자주독립전취를 위해서 투쟁할 것이다"라는 성명서를 발표하였다.[46] 아울러 그는 남북한 모두가 참여하는 국민투표가 이루어져 통일 국가가 건설되어야 한다는 주장을 하고 있다. 우리는 다음의 글에서 알 수 있다.

우리나라에도 빨리 삼팔선이 없어지고 남북을 통한 통일국가가 건설되어 정당투표가 실시되는 선거 시기 그 때라야 국정이 바로 잡힐 것이다. 이 시기를 촉진시키려면 문자 계몽과 정치 계몽을 동시에 병행하여 현대 국가의 국민이 된 도(道)를 다하여야 된다. 그렇지 아니하면 행복이 있을 수 없으

44)「한국민주당 정치부장 장덕수씨 괴한에 피살 수도청서 범인 엄심중, 민연 이극로씨 談」,『동아일보』, 1947년 12월 4일자.
45)「삼일절에 생각나는 애국자들, 의병의 李大將, 정의감과 혈투정신, 이극로씨 談」,『자유신문』, 1948년 3월 1일자. 이극로는 만주에서 독립군의 한 사람으로서, 1913년에서 1915년까지 3년간 이진룡 의병대장과 함께 지냈다.
46)『서울신문』, 1948년 3월 12일자;『자료 대한민국사』 6, 502쪽.

니 뜻있는 선비는 두 주먹을 쥐고 부르짖으며 피땀을 흘리면서 일할 때가
왔다.[47)]

이승만과 한민당계가 본격적으로 남한 단독정부 수립 노선으로 가게 되
자, 이들과 결별한 김구가 김규식과 노선을 같이 하면서 북쪽의 지도자에게
남북협상을 제의하였다.

같은 해 3월 31일 건민회는 간부회의를 개최하여 남북요인회담을 성공시
켜 통일 자주독립을 달성하자는 견해를 발표하였다.[48)] 이극로의 의지가 담
긴 발표로 판단된다.

4월 1일 김구 · 홍명희 · 김붕준 · 이극로가 참석한 회의석상에서 김규식은
"남북협상만이 유일한 독립노선이다. 남북회담에 제1차에 실패하여도 우리
는 10차나 1백여차가 계속되더라도 성공할 때까지 분투 노력하겠다."는 소신
을 피력하였다.[49)]

이극로는 같은 해 4월 1일과 2일에 걸쳐 김규식 · 홍명희 · 김붕준 등과 함
께 경교장으로 김구를 방문하고 남북협상과 관련된 문제를 논의하였다.[50)]
4월 14일 발표한 '문화인 108인의 남북협상 지지성명'에 그도 서명하여 통일
민족국가 수립을 염원하였다.[51)]

급기야 평양에서 남북협상이 열리게 되었고, 이 회의에 이극로도 건민회
대표와 민족자주연맹 대표로 참여(1948. 4. 19~30)하였다. 그는 1948년 4월

---

47) 이극로, 「조선민족성과 민주정치」, 『개벽』 2 · 3월 합병호, 1948. 3, 15쪽.
48) 「남북회담 추진, 건민회서 결의」, 『조선일보』, 1948. 4. 2.
49) 『조선일보』, 1948. 4. 4; 『자료 대한민국사』 6, 697쪽.
50) 『경향신문』, 1948. 4. 3; 『자료 대한민국사』 6, 708~709쪽; 『조선일보』, 1948. 4. 4; 『서
    울신문』, 1948. 4. 4; 『자료 대한민국사』 6, 697쪽.
51) 『조선중앙일보』, 1948. 4. 29; 『새한민보』, 1948년 4월 하순호 · 5월 상 · 중순호.

16일에 서울에서 출발하였다.[52] 평양에 도착한 이후 남북조선정당사회단체
대표연석회의에서 그는 "우리 민족은 하나며 우리 조국도 하나다. 우리 민족은
통일독립을 요구한다."라는 「삼천만동포에게 호소하는 격문」을 낭독(4. 23)
하였다.[53] 이처럼 해방공간 3년 기간에 그는 좌우합작에 의한 통일정부 수립
을 주장한 진보적 민족주의자로써 활동하였다.[54]

3. 통일 민족국가에 대한 인식

해방 뒤 그는 민족을 언어와 생활방식 등 공통문화를 가진 집단체로, 국가
를 정치단위의 집단체로 규정하였고, 조선은 민족과 국가가 일치된 순수한
단일민족국가라고 규정하였다.[55] 국가는 단일민족국가(조선, 터어키), 민족
분리국가(독일), 민족합성국가(소련, 대영제국)로 분류하였는데, 그는 단일
민족국가를 가장 합리적 국가 형태로 인식하였다.

따라서 신흥조선이 정치단위와 문화단위가 일치한 단일민족국가이니, 우
선 독립을 쟁취해야 하며, 조선고유의 생활방식과 민족의 중심핵이고 기본인
언어를 개선시켜야 한다고 주장하였다.

그에 따르면 해방된 조선은 국가의 주권과 민족의 자유를 획득하지 못하
였고, 미·소에 의한 분할 점령 상태에 있었다.

---

52) 『한글』 104, 조선어학회, 1948, 73쪽.
53) 『조선일보』, 1948년 4월 25일자; 『조선일보』, 1948년 4월 27일자; 『자료 대한민국사』 6, 832쪽, 834쪽.
54) 그는 공산주의자는 아니었으나, 좌익의 세력과 노선을 인정하였다. 일제시기 민족해 방운동에 참여한 좌우익이 해방 뒤 합작하여 통일 민족국가를 수립하고자 하였다.
55) 이극로, 「국가·민족·생활·언어」, 『생활문화』, 1946, 16쪽.

독립국가 건설을 위한 방안으로 그도 1946년 6월에 좌우 정당의 행동통일을 위해 전국정치운동자후원회를 해산하였다. 이를 해산하게 된 계기는 이승만의 정읍 발언(1946. 6. 3)이 작용한 듯하다.

1946년 6월 6일자 『자유신문』을 통해 이극로는 이승만의 단독정부 수립을 반대한다고 하면서, 통일정부 수립 의지를 다음과 같이 피력하였다.

> 이박사의 연설 내용은 아직 보지 않아 잘 알지 못하지만 남북 통일정부를 하루바삐 촉성시키기 위하여 우선 남조선에다가 임시정부 혹은 위원회를 수립한다는 것은 나 개인의 생각으로서는 과오인 줄 안다. 왜 그러냐 하면 단독정부 수립은 부분적이고 또한 반쪽 정부이니 이런 정부를 안 세우고 통일하기는 쉬우나 만일에 수립을 한 후 통일을 하려면 도리어 통일에 지장이 있지 않을까 생각한다. 그 이유로는 一方에서 이렇게 하면 또 딴 쪽에서는 반대경향으로 나갈 염려가 있다. 그러므로 조선의 완전독립을 구하는 데는 무엇보다 먼저 정부권력으로 국제호소를 하는 것 보다는 국민운동으로 삼천만이 같이 부르짖어야 할 것이다. 나는 결론으로 단독정부는 결코 조선독립 戰取에 좋은 방법이라고는 생각치 않는다.[56)]

이승만의 남조선 단독정부 수립에 대해 이극로는 단독정부, 반쪽 정부를 안 세워야 통일정부의 수립이 쉽다. 단독정부를 수립한 뒤에는 통일정부를 수립하기가 어렵다. 그 이유는 한쪽에서 단독정부를 수립하면 또 딴 쪽에서도 그렇게 나갈 염려가 있기 때문이다. 그렇기 때문에 단독정부 수립에 반대한다고 명쾌하게 밝혔다.

[56)] 「표면화한 단독정부설, 李承晚 박사 연설 반향, 도리어 통일에 지장 있다, 李克魯 박사 談」, 『자유신문』, 1946. 6. 6.

　1946년 6월 16일에 이극로는 기존 정당의 동향을 비판하고 통일된 독립국가 건설을 기하고자 민중계몽운동을 전개할 사회단체이며 정치계몽단체인 조선건민회를 조직하였다.[57] 이 단체는 직업적 정치인의 집단체인 정당은 아니었다. 건민회는 5대 강령을 제시하였다. 첫째, 우리는 민족의식을 앙양하여 완전자주독립 국가건설을 기도한다. 둘째, 우리는 민주주의 원칙에서 정계의 동향을 비판 건의하여 충실한 민중의 지도를 한다. 셋째, 우리는 민족문화의 향상을 도(圖)하여 세계문화 발전에 공헌한다. 넷째, 우리는 생존권 확보의 경제균등제도를 솔선 실천한다. 다섯째, 우리는 동지(同志)의 총역량을 민중계몽운동에 집중한다.[58]

　첫째 강령은 국가건설에 대한 자주성을 규정하였다. 둘째 강령은 건민회와 정계와의 관계를 규정한 것이었다. 건민회는 인민의 권리와 의무로써 국제정세나 국내정세 등 모든 정치면에 대해 관심을 가지고, 정치 동향을 비판하는데 있다고 밝혔다. 이극로는 일제에게 국권이 상실된 요인으로 우리인민이 정치에 대한 인식이 없었던 사실을 지적하였다.[59] 아울러 그는 "오늘에 있어서도 조선인민의 대다수는 아직도 국사(國事)는 지사(志士)에게 맡기고 정치(政治)는 정치가(政治家)가 하는 것이라고 하는 잘못된 생각을 가지고 있어 정치를 기피하고 경원(敬遠)하는 태도를 보이고 있는 것은 국민의 이에 대한 지적(知的) 수준의 불급(不及)을 표명하는 것 밖에는 아무것도 아닌 것이다."[60]라고 하여 인민의 정치의식의 향상을 강조하였다. 그는 교육과 계몽을 통해 인민의 향상을 위해서 이 조직을 만들었던 것이다.

----

57) 이극로, 「조선건민회의 이념」, 『웅변학과 연설식사지침』(안석제 저), 연학사, 1949, 122쪽.
58) 「민중계몽 위하야 '조선건민회'는 발족」, 『대중일보』, 1946년 6월 18일자.
59) 이극로, 「조선건민회의 이념」, 122쪽.
60) 이극로, 「건민주의」, 『동광』 제42호, 1947, 3쪽.

셋째 강령은 민족문화를 규정한 것이었다. 그에게 있어 민족통일의 지름
길은 대중에게 문자계몽과 정치계몽의 병행을 통해 달성된다[61]라고 인식하
고 있었다. 따라서 그에게 있어서는 우리 민족 구성원에게 한글전용과 민주
정치에 대한 계몽과 소개가 중요할 수밖에 없었다.

넷째 강령은 경제건설 구상을 밝힌 것이다. 경제균등을 실천할 것을 주장
하였다. 그는 일제에게 빼앗긴 주권의 상실은 민족경제의 파괴를 초래하였
다고 진단하였다. 해방조선은 경제적 재건과 자립이 불가능한 상태에 빠졌
다. 민족협심으로 산업경제의 재건설과 국민생활의 안정을 도모해야 한다고
역설하였다.[62] 다섯째 강령은 이 단체의 특성을 제시한 것이었다. 이 조직이
민중계몽운동 단체라는 것을 밝혔다.

건민회의 목표로 자주독립을 전취하기 위해 전 인민이 건민정신을 실천함
에 있다고 제시하였다.[63] 아울러 건민회의 성격으로 "초종교적 초당파적 초
계급적"이라고 밝혔다.[64] 종교와 당파와 계급을 초월하여 전민족이 참여하
는 단체로 만들고자 하였음을 밝혔다. 좌우합작과 계급조화의 입장을 드러
낸 것이었다.

건민회의 회원 자격으로는 조선 사람이면 누구나 다 이 단체에 들어오는
것을 환영한다고 했다.[65] 이 땅에 꽂힌 다른 나라의 국기는 그만 두고 우리나
라의 깃발인 천지인(天地人) 삼색기의 깃발 밑에 모여 건민주의의 진로에
단결하여 나아가자고 호소하였다.

------

61) 이극로, 「조선 민족성과 민주정치」, 『개벽』 77호, 1948, 15쪽.
62) 이극로, 「건민주의」, 『동광』 제42호, 1947, 2쪽.
63) 이극로, 「조선건민회의 이념」, 121쪽.
64) 이극로, 「조선건민회의 이념」, 122쪽.
65) 이극로, 「조선건민회의 이념」, 123쪽.

그렇다면 건민회가 주장한 건민주의(健民主義)는 무엇인가?[66] 조선 인민이 나라의 주인으로써 자신의 권리와 의무를 실천하는 건민정신을 가지고 건민 생활을 하며, 외력(外力)의 제약성을 극복함으로써 주권을 회복하여 독립 국가를 건설하자는 주의이다.

한국 민족 구성원이 지녀야 할 건민주의 실천 자세로 그는 개인관, 민족관, 국가관, 세계관으로 나누어 제시하였다. 개인관으로 사도주의(士道主義)와 3대주의를 겸비할 것을 강조하였다. 사도주의는 신라의 화랑도와 영국의 신사도와 같은 선비의 도로써 문무겸전(文武兼全)의 인격을 갖추어서 자주독립의 정신과 독립독행(獨立獨行)의 엄연한 기품과 용기를 가지는 주의이다. 개인이나 민족은 사대주의도 없고 비굴성, 노예성이 없어야 한다는 주장이다. 3대주의는 대규모주의, 대긴장주의, 대아량주의를 말한다. 조선 인민이 모든 일을 할 때 규모를 크게 하며, 민족독립의 대과업에 긴장하는 자세를 가지며, 신국가 건설의 과정에서 정치적 사상적 알력과 혼돈을 포용하자는 주장이다. 건전한 민주 인민이 되면 독립국가는 저절로 온다는 낙관적 입장이었다.

다음으로 민족관과 국가관이다. 그는 조선 민족의 경우 문화단위인 민족과 정치단위인 국가가 일치하는 것으로 보았다. 즉 조선은 단일민족국가라는 것이다. 이 국가가 가장 이상적이고 합리적인 국가로 보았다.[67] 또한 그는 건민회의 국가이념으로 '국가 사회주의의 건설'을 내세웠다.[68] 그가 제시한 국가사회주의는 19세기와 20세기 독일의 국가사회주의(Staatssozialismus, state socialism)라는 용어를 차용한 듯하다. 국가사회주의란 국가기관과 의회

---

66) 이하의 주장은 이극로의 「건민주의」라는 글에 나타나 있다.
67) 이극로, 「국가・민족・생활・언어」, 『생활문화』, 1946, 16쪽.
68) 이극로, 「조선건민회의 이념」, 121쪽.

를 통하여 사회주의를 실현시키려는 주의를 지칭한다.[69]

독일의 국가사회주의자 바그너(Wagner, 1835~1917)는 베를린대학 교수로 재직하면서, 국가가 중심이 되어서 기간산업을 국유화함으로써 독점자본의 횡포를 배제할 것을 주장하였다.[70] 베를린대학에서 슈몰러, 바그너의 영향을 받아 좀바르트(W. Sombart, 1863~1941)도 국가사회주의자가 되었다.[71] 이극로는 베를린대학 시절 좀바르트로부터 경제학을 공부하였다. 따라서 국가사회주의에 대해 알고 있었다.

또한 그는 세워질 국가는 민주주의 국가여야 한다고 주장하였다. 개인의 자유와 권리가 허용되고 의회 정치가 수립되어야 한다는 것이다.[72]

이극로는 세계관에서, 국제협조를 강조하였다. 조선의 독립을 위해 국제협조와 민족협심을 다음과 같이 주장하였다.

앞으로 봉착할 심각한 민생고와 조선독립의 다각성을 깊이 예측하고 밖으로 국제협조와 안으로 민족협심으로 산업 경제의 재건설과 국민생활의 안정을 도모함으로써 외력의 제약성을 가진 조선독립이 민족의 희망과 용기를 상실케 함이 없이 역사적 과정을 능히 극복하고 나아갈 수 있음을 파악 인식하는데서 조선국민운동의 본질과 진로는 명시될 것이다.[73]

이처럼 그는 국제협조를 통해 외세의 제약을 극복하자고 주장하였다.

---

[69] 히틀러의 나치즘과 차이가 있다.

[70] 주명건, 『경제학사 - 경제혁명의 구조적 분석』, 박영사, 2001, 300쪽.

[71] 주명건, 위의 책, 303쪽; 박장환,『인물경제학사 : 주요경제학자 30인 약전』, 법문사, 1993, 65쪽. 한편, 슈몰러, 바그너, 브렌타노, 좀바르트 등은 신역사학파에 소속된다 (주명건, 위의 책, 296쪽).

[72] 이극로, 「건민주의」, 3쪽.

[73] 이극로, 「건민주의」, 2쪽.

1946년부터 좌우합작에 의한 통일 민족국가 건설을 주장한 이극로는 미소공위의 조속한 속개를 주장하였다.

그러나 1946년 말경까지 정계는 좌우합작을 이루지 못하였고, 미소공위는 속개되지 않았다.

이에 이극로는 1946년 12월 좌우익 정치인들의 정치도덕 저열 때문에 임시정부를 수립하지 못하고 있다고 하면서, 구체적인 건국방략을 제시하였다.

그의 건국방략은 미소가 분할 점령한 현실을 토대로 하여 미국의 신뢰를 받는 사람 1명, 소련의 신뢰를 받는 사람 1명, 조선민중의 신뢰를 받는 사람 1명 총 3명이 나와 공동으로 책임지고 정치하는 삼두정치(三頭政治)를 하면서, 3인의 대표자가 임시 과도 정부를 세우고, 다음으로 정국이 안정되면 보통선거에 의한 통일정부를 수립하면 된다는 주장을 폈다.

무엇 때문에 임시정부가 수립되지 못하고 있는 것일까? 일반은 말하기를 사상적으로 좌우가 분립되어 각자의 노선을 고집하는 곳에 임시정부가 서지 못하는 원인이 있다고 하나 나는 그렇지 않다고 본다. 사상의 좌우분립은 세계적인 현상이다. 좌우익으로 갈려진 나라에도 정부는 있지 않은가? 요는 좌우익의 사상이 문제가 아니라 좌우익 정치인들의 정치도덕이 저열한 때문이다. 그러므로 나는 정부가 서지 못하는 원인이 정치도덕의 저열에 있다고 본다. (중략)

건국방략에 있어서 말하면 우리나라에 二대 외국세력이 와 있는 것은 엄연한 사실인 만큼 외국세력의 신뢰를 받는 사람과 조선민중이 신뢰하는 대표자가 나와서 공동책임을 지고 과도 임시정부를 세우기에 힘을 써라. 구체적으로 말하면 미국의 신뢰를 받는 사람 一명 「쏘련」의 신뢰를 받는 사람 一명 그리고 조선민중의 신뢰를 받는 사람 一명 도합 三명이 나와서 「로마」대의 삼두정치(三頭政治)를 하라. 이것만이 과도기의 혼란된 정국을 수습하는 방도일 것이다. 이들 세 사람의 정치로 정국이 안정되거든 그 후에 민의에 쫓아 보선에 의한 완전정부를 수립하라.[74]

　국제적으로 약속된 국가의 주권과 민족의 자유는 어찌하여 우리 손에 쥐어지지 않는가?

　흔히 말하기를, 이것은 좌익 우익의 사상분립으로 인한 국제세력의 델리케이트한 관계의 불행이라 하지만, 나는 그렇지 않다고 생각한다. 사상의 분립은 오늘날 세계적인 현상이다. 좌, 우익으로 갈려진 나라에도 정부가 있고, 주권이 있고, 인민의 자유가 있지 않은가? 문제는 좌우익 사상 분립에만 있음이 아니다. 정치 운동가의 도덕이 세련되지 못한 것과 인민이 정치 훈련이 넉넉하지 못함에 있는 것이다. (중략)

　건국 방략은 명백하다. 두 나라는 이미 우리나라를 분단 점령하였다. 이미 한편만의 주장이 통하지 않고 한편만의 신임만으로는 통일 정부 수립은 되지 않는다. 그러므로 소련의 신임 받는 사람 하나, 미국의 신임 받는 사람 하나, 조선 인민이 신임하는 사람 하나, 도합 세 사람을 뽑아 「로마」의 삼두정치를 배워 쏜살처럼 정책을 단행하라. 이 임시 과도정부가 안정되거던 그 뒤에 인민의 총의를 따라 보선에 의한 완전 정부를 수립하라.

　그렇지 않은 일방적인 편당은 구제의 길을 그르칠 뿐이다. 더구나 어떠한 한 나라만에 기대어 제 주장만을 세우고 인민의 부르짖음에 귀를 기울이지 않을진대 그것은 소리의 큼에 견주어 스스로만의 무덤을 팔 뿐 아니라 나아가서는 민족 천고의 죄인이 될 것이다.(중략)(十二月 二十四日)[75]

....

74)「정치도덕 높이고 삼두정치로 臨政 세우라, 조선건민회 이극로씨 담」, 『경향신문』, 1946년 12월 24일자. '要路者에게 보내는 충고의 말씀'이라는 기획 기사에서, '정치' 부분에 대해 이극로가 발언하였다. '식량' 부분은 배성룡(조선산업건설협의회 이사)이, '공업' 부분은 안동혁(중앙공업시험소장)이, '교육' 부분은 이해남(천주교신학교 교수)가 맡았다.

75) 이극로,「삼두정치론」,『민성』제2권 13호, 고려문화사, 1946, 1쪽.

이극로는 좌우익으로 갈라진 나라에도 정부가 있다고 하였다. 오스트리아가 여기에 해당한다. 이극로는 국제적 식견이 있어 오스트리아 사례를 든 것이다. 오스트리아는 1945년 4월 좌우 연립내각을 등장시켜 임시정부를 구성하고 오스트리아 공화국을 선포하였다. 같은 해 7월 연합국 4개국에 의해 분할 점령되었다. 10월 연합국 평의회는 오스트리아 정부를 승인하였다. 11월 총선거 이후 좌우연립내각을 등장시켰다. 1955년 5월 연합국 4개국 외상이 오스트리아 국가조약에 서명함으로써, 오스트리아는 주권을 완전히 회복하였다.[76]

이극로는 1947년에도 미소공위의 속개를 통한 임시정부 수립 주장을 계속하였다. 그는 왜 우리민족이 통일정부를 수립해야 하는지를 다음과 같이 호소하였다.

우리나라는 수천 년의 긴 역사를 가지고 왜정(倭政) 36년을 제(除)한 외(外)에는 꾸준히 주권을 확보 계속하여 왔다. (중략) 온대(溫帶)에 아름다운 삼천리강산이 있고 단일(單一) 겨레인 삼천만 동포가 이곳에 엉키어 있다. 우리가 정신을 가다듬고 한 마음으로 나아가면 당당한 독립(獨立) 국가로 세계에 비견할 수 있음은 틀림없다.[77]

한 나라에 여러 민족이 또는 한 민족이 여러 나라에 분리되어 있음은 희망적 존재라고 할 수는 없다. 우리 같이 단일(單一) 민족 국가로 4천년의 빛난 역사와 아름다운 강산에서 자연과 외적을 번번히 잘 정리(整理) 구축(驅逐)하고 근기(根氣)있게 독자적 문화를 유지 발전시키어 온 민족은 반드시 그리 많지는 않다. 우리의 소질은 우수하며 우리의 피는 순결하다. 크게 약진할 때는 왔다.[78]

---

76) 안병영, 『왜 오스트리아 모델인가』, 문학과지성사, 2013, 82~84 · 154쪽.
77) 이극로, 「교육조선건설론(敎育朝鮮建設論)」, 『신교육건설』, 1947, 10쪽.

우리나라는 단일 민족국가로써 4천 년의 독립국가의 역사와 강토, 단일 겨레가 있기 때문이라는 주장이다.[79]

통일 민족국가를 조속히 건설하는 방안으로 그는 조선의 정당과 사회단체가 미소공위에 참여하여, 이들과 상의하여 임시 정부를 세울 것을 제시하였다. 1947년 6월 22일 미소공위에 참가하여 임정수립을 하고자 정당 사회단체 대표에 그도 공협 부대표로 참가하였다.

한편, 미국이 한반도 문제를 유엔으로 가져가 남한만의 단독정부 수립을 강행하자, 1947년 12월 민연준비위원회 선전국장 이극로는 남북을 통한 중앙정부의 구성과 총선거의 실시를 주장하였다.

1948년 3월에 그는 민주주의 제도의 실시를 바탕으로 통일정부의 수립을 주장하였다. 민주주의의 제도로 보통선거, 정당투표, 대의제를 들었다.

우리가 건국을 하는 데도 민족통일로 민주정치를 하지 아니하면 아니 될 것이다. 이에 의회(議會)제도를 세워서 만민이 정치에 참여하게 하되 일정한 연령의 남녀는 선거권과 피선거권이 있어야 된다. 전 국민이 각자가 누구나 정치에 참여할 수 있으되 대의원을 뽑아 보내어 간접으로 국정에 참여함은 민주주의 정치의 통칙(通則)으로 되어 있다. 선거와 피선거와의 권(權)은 국민이 참정하는 권을 뜻하는 것으로 국민 권리의 가장 큰 것이다. 대의원을 뽑는 방법은 지역별과 정당별과의 두 가지가 있다.(중략) 정당(政黨) 투표가 이상적이므로 서양 문명국에서는 정당 투표를 하게 되어 있다. 그 방법은

78) 이극로, 위의 글, 10~11 · 12쪽.
79) 단일 겨레 역사관은 해방 공간에서는 좌익도 주장하였다. 백남운은 "조선민족은 혈연 · 지역 · 언어 · 문화 · 역사적 운명 등의 공통성을 구유(具有)한 단일민족으로서 수천 년의 역사를 가졌다는 것은 세계사적으로 이례의 존재(중략) 지구의 수명이 존속하는 한에는 조선민족도 영속할 것이다." 백남운, 「오인의 주장과 사명」, 『독립신보』, 1946년 5월 1~4일;『백남운전집』 4, 하일식 엮은이, 이론과 실천, 364쪽.

입후보한 여러 정당 이름을 투표지에 다 같이 박아서 놓은 거기에 자기의
이념의 맞은 정당에 한 표를 질러 준다. 그러므로 어느 정당이 몇 표를 얻었
다는 것만 개표한 뒤에 알 뿐이오 어떤 개인이 나오는 것은 모른다. 각 정당
은 득표수에 따라 자기 정당원 가운데 가장 정치 투쟁력이 센 대의원을 선출
하여 보낸다.[80]

1948년 4월 남북협상 참여를 앞두고, 그는 우리 민족이 장차 일본 민족을
경계할 것을 다음과 같이 당부하였다.

해적성의 침략민족이 그 못된 버릇을 버리고 갑자기 선량한 민족이 되었을
리는 만무하다. (중략) 일본의 재건이란 자율적인 갱생의 도보다는 타율적인
이용(利用)의 도일 것은 틀림없을 것이다. 이 이용물은 장차의 아세아 대전란
과 제3차 세계대전의 장본인이 될 것을 누구나 대담하게 예언할 수 있다.[81]

이극로는 해적성의 침략민족의 속성을 지닌 일본이 타율적인 이용물이 되
어 장차 아시아 대전란과 제3차 세계대전을 일으키는 장본인이 될 것이라고
예언하였다.[82]

---

80) 이극로, 「조선민족성과 민주정치」, 15쪽. 이 글에서 그는 민주주의 정치의 연원을
우리나라 상고시대 역사에서 찾았다. 우리나라에는 합의제의 오랜 전통이 있었다고
하며, 특히 만민이 발언하고 만민이 공생하는 화백회의의 정치 이념에서 민주주의
지도 원리를 찾을 수 있다고 주장하였다. 즉 "조선민족은 국가생활의 시작이 민주주
의(民主主義)로 되었다. … 회의가 후대까지 존속하였나니 한자로는 성(誠)이오, 이
두로는 화백(和白)이다. 성(誠)은 그 자의(字義)가 함언(咸言)으로 만민이 모두 발언
권이 있음이오. 화백은 『다사리』의 표의(表義)이니 방법으로서는 만민이 『다사리』
어 국정(國政)에 그 총의(總意)를 표명함이오. 목적으로서는 만민을 모두 생존하도록
하는 만민 공생(共生)의 이념을 표현함"이라고 하였다. 이극로, 위의 글, 14~15쪽.
81) 이극로, 「일본 재건과 민족의 진로」, 『조선중앙일보』, 1948년 4월 18일자.
82) 이극로는 일본이 장차 어느 나라의 이용물이 될 지 밝히지 않았다. 아마도 당시 일본

동시에 일본 민족에 대한 대비책을 다음과 같이 제시하였다.

　　조선민족이 일본민족에게 침략을 당한 과거의 역사를 거울삼아 미래를
　　단속하지 아니하면 아니 될 것이다. 이 단속이란 무엇인가 양병(養兵)백만
　　의 무장국가가 되자는 것이 아니라 민족적 양심과 자각에서 마음의 무장과
　　굳센 단결을 하여야된다. 이 무장이야말로 원자탄보다 센 것이다. 동서고금
　　의 역사는 증명하고 있다. 어느 한 나라가 다른 한 나라에게 정복을 당하고
　　또 아니 당하는 것은 그 국토의 대소나 그 국민의 다소에 달린 것이 아니라
　　그 국가의 사회제도와 국민의 도덕과 지식과 기술에 달린 것이다. 인도나
　　중국 땅이나 사람이 적어서 저 모양이 된 것은 아니다. 열강의 침략을 받아
　　구태의연히 국가 또는 사회제도를 개혁하지 못한데 있는 것이다.[83]

이극로는 우리 민족 구성원의 마음의 무장과 굳센 단결을 강조하였다. 지속
적인 사회제도의 개혁과 도덕, 지식, 기술의 향상을 당부하였다. 위의 글은 이
극로가 남북협상 출발 전에 서울에서 우리 민족에게 남긴 마지막 기고 글이다.
　1948년 4월 단선 단정을 막고 통일 민족국가를 수립하고자 남북협상에 참여
하였다.

4. 맺음말

이상을 통해 우리는 해방 이후 이극로가 조선어학회와 조선건민회를 이끌
어가면서 좌우합작위원회와 남북협상을 통해 통일 민족국가를 건설하려고

이 미국의 영향하에 있었기에, 미국을 지칭한 것인지 모른다.
[83] 이극로, 「일본 재건과 민족의 진로」, 『조선중앙일보』, 1948년 4월 18일자.

한 중도파 정치 노선을 걸은 인사였음을 알게 되었다. 이 시기 이극로의 통일
민족국가 건설운동은 통일정권촉성회·조선건민회·민주주의 독립전선·미
소공위대책 각정당사회단체협의회(공협)·좌우합작위원회·민주독립당·민
족자주연맹(민연)·남북협상에서 왕성한 정치 활동을 통해 전개하였다는 점
이다. 그의 정당 사회단체 활동에 대한 검토를 통해, 우리는 그를 이들 단체
에서 중요한 역할을 한 인사 가운데 한 사람으로 자리매김을 할 수 있겠다.

이극로는 좌우합작과 남북합작운동을 통한 통일 민족국가의 수립을 주장
하였다. 일제시기 독립운동을 했던 그였기에, 해방 뒤 두 개의 분단 정부 수
립을 용납할 수 없었다.

신탁반대운동에서 빠져나온 이극로는 1946년 1월 통일정권촉성회를 조직
하여 좌우정당의 합작을 촉구하였다. 같은 해 2월 '조선어학회 성명'을 통해,
좌우 합작에 의한 통일국가 건설을 주장하였다. 제1차 미소공위가 결렬된
뒤, 같은 해 6월에 이승만이 남한만의 단독정부 수립을 발표하는 발언을 하
자, 이극로는 즉각 반대 담화를 발표하여 통일정부 수립을 역설하였다.

남북 좌우의 단합을 위해 1946년 6월에 조선건민회를 조직하였고, 이후
좌우합작운동을 남북합작운동으로 전환하자고 촉구하였으며, 미소공위 속
개를 통한 임시정부 수립을 주장하였다.

1947년에도 미소공위의 속개를 통한 그의 임시정부 수립 주장은 계속되었
다. 이를 위해 조봉암, 배성룡과 함께 민주주의 독립전선(독전)을 결성하였
다. 제2차 미소공위가 재개되자, 이를 적극 추진하고자, 여운형, 홍명희, 안재
홍, 원세훈 등과 함께 미소공위대책 각정당사회단체 협의회(공협)를 조직하
였다. 아울러 좌우합작위원회에서 위원으로 활동하였다.

같은 해 7월 제2차 미소공위가 결렬된 뒤에, 미국이 한반도 문제를 유엔으
로 이관함으로써 단독정부 성립 가능성이 높아졌다. 이에 이극로는 완전한

자주 독립국가를 건설하고자 안재홍·홍명희·김병로 등과 민주독립당을 결
성하였다. 그 뒤 민족자주연맹에 참여하여 남한만의 단독정부 수립을 막고
남북 총선거로 통일정부를 수립하자고 주장하였다.

급기야 1948년 4월 단정을 막고 통일 민족국가를 수립하고자 남북협상에
참여하였다.

이 시기 이극로의 통일 민족국가에 대한 인식은 어떠하였는가? 이승만의
남조선 단독정부 수립 발언에 대한 그의 명쾌한 논박에서 확인할 수 있다.
한쪽에서 단독정부, 반쪽 정부를 수립하면 또 딴 쪽에서도 그렇게 나갈 것이
다. 반쪽 정부를 수립한 뒤에는 통일 정부를 세우기가 어렵다. 반쪽 정부를
안 세워야 통일정부의 수립이 쉽다고 호소하였다.

그가 주장한 건민주의에서도 나타나 있다. 조선의 굳센 인민이 나라의 주
인으로써 주권을 회복하여 독립국가를 건설하는 주의이다. 주권을 회복한
독립국가를 통일 민족국가로 인식하였던 것이다.

정계가 좌우합작을 이루지 못하고, 미소공위도 속개되지 않자, 1946년 말
에 이극로는 좌우익 정치인들의 저열함 때문에 임시정부를 수립하지 못하고
있다고 현실을 진단하였다. 당시 대한독립촉성국민회, 한국민주당, 남조선
노동당, 북조선노동당 등 거대 정치 집단은 좌우합작을 성사시키지 않고 있
었다.

이에 그는 통일 민족국가 건설 방략을 제시하였다. 미국과 소련과 조선민
중의 지지를 받는 3인의 대표자가 나와 공동으로 정치하는 삼두정치를 실시
하면서, 3인이 임시 과도 정부를 세운 뒤에 정국이 안정되면 보통선거를 통
해 완전한 통일정부를 수립하는 방안을 제시하였다.

그는 좌우익으로 갈라진 나라에도 정부가 있다고 하면서 좌우익 정치인이
합작하여 임시정부를 수립할 것을 주장하였다. 오스트리아 사례를 든 것이

었다. 오스트리아는 좌우 연립내각을 등장시켜 임시정부를 구성하였고, 끝내 연합국 4개국의 승인을 받아 10년 만에 완전한 독립국가가 되었다.

미소의 협조와 승인을 전제로, 오스트리아처럼 좌우익 정치인의 합작에 의한 임시정부 수립만이 통일 민족국가를 조속히 달성할 수 있는 방안이라고 이극로는 인식하였던 것이다.

이극로의 삼두정치론에 입각한 좌우 연립정부 수립 구상은 분단정부의 등장을 막고 완전한 독립국가를 달성할 수 있는 가장 합리적인 주장이었다. 좌우 연립 내각 구성 주장은 여운형이 1946년 2월에 먼저 하였고[84], 이극로가 1946년 12월에 주장하였다고 볼 수 있겠다.

1947년 5월에도 이극로는 "국가의 건설과 독립정부 수립은 사상의 대립에는 아무 관계가 없는 것이다. 우리 정부 수립에는 두 형태 밖에는 없는데 국내외 정세를 잘 살펴보면 단정은 절대 불가능한 것이요 연립정부만이 가능한 현실이다."[85]라고 발언하면서 좌우 연립정부 수립을 주장하였다. 좌우 연립정부 수립만이 완전한 독립국가를 건설할 수 있다고 보았던 것이다.

이러한 인식을 한 것으로 보아 그를 지사형 정치인으로 규정할 수 있겠다.

---

84) 「좌우통일한 대표기관으로 공위재개를 알선」, 『조선인민보』, 1946. 2. 22; 『몽양여운형전집』 1, 한울, 1991, 357~359쪽.
85) 「미소공약을 실천 미쏘공위 촉성 이극로 담」, 『중앙신문』, 1947. 5. 15.

참고문헌

『개벽』, 『경향신문』, 『大潮』, 『대중일보』, 『독립신보』, 『동광』, 『동아일보』, 『매일신보』, 『민성』, 『새한민보』, 『생활문화』, 『서울신문』, 『신교육건설』, 『신세대』, 『자유신문』, 『조광』, 『조선연감』, 『조선인민보』, 『조선일보』, 『조선중앙일보』, 『중앙신문』, 『중외정보』, 『한글』, 『한성일보』.

『몽양여운형전집』 1, 한울, 1991.

『민세안재홍선집』 3, 지식산업사, 1991.

『한국현대사자료총서』 4권, 돌베개, 1986.

『백남운전집』 4, 하일식 엮은이, 이론과 실천, 1991.

『자료 대한민국사』 1·2·4·5·6, 국사편찬위원회, 1968~1973.

강만길 외, 『통일지향 우리민족해방운동사』, 역사비평사, 2000.

이극로, 『고투사십년』, 을유문화사, 1947.

박용규, 『북으로 간 한글운동가 이극로 평전』, 차송, 2005.

_____, 「해방 후 한글운동에서의 이극로의 위상」, 『동양학』 제45집, 2009.

_____, 「해방 이후 조선어학회의 정치 지형」, 『선도문화』 제19권, 국학연구원, 2015.

박장환, 『인물경제학사 : 주요경제학자 30인 약전』, 법문사, 1993.

박태균, 「반탁은 있었지만, 찬탁은 없었다」, 『역사용어 바로쓰기』, 역사비평사, 2006.

서중석, 『남·북협상─김규식의 길, 김구의 길』, 한울, 2000.

_____, 「중간파인가, 중도파인가, 합작파인가?」, 『역사용어 바로쓰기』, 역사비평사, 2006.

안병영, 『왜 오스트리아 모델인가』, 문학과지성사, 2013.

안석제, 『웅변학과 연설식사지침』, 연학사, 1949.

안호상, 『한뫼 안호상 20세기 회고록』, 민족문화출판사, 1996.

이종룡, 「이극로 연구」, 부산대학교 교육대학원 석사학위논문, 1993.

주명건, 『경제학사 ─ 경제혁명의 구조적 분석』, 박영사, 2001.

독립운동 시기 김원봉의 통합·연대 활동

-중일전쟁 이후 활동을 중심으로-

한상도 (건국대 사학과 교수)

1. 머리말

독립운동 시기 김원봉의 항일역정을 살펴보면, 상대적으로 활동범주의 외연이 넓다는 점을 그 특징으로 꼽을 수 있다. 1920년대 중반 중국 廣州로 가서 黃埔軍官學校에 입교했고, 이어서 1927년 南昌起義에 참여하면서 그는 중국 關內地域 한인독립운동이 처했던 국제환경으로서 중국국민혁명의 소용돌이 속으로 기꺼이 자신을 던졌다.

중국국민당과 중국공산당이 반봉건·반제국주의라는 동일한 목표를 표방하면서도, 중국대륙의 지배권 장악을 위해 각축·갈등하는 광경을 목도한 체험은 독립운동 과정에서 그가 협동전선운동에 적극적이었던 사실을 뒷받침해준다.

타협과 절충을 통한 협동과 단결의 미덕을 중시했던 그의 혁명관은 중일전쟁 이후 중국·臺灣의 항일운동세력 뿐 아니라, 일본인 反戰運動家들과의 연대로 이어지는데, 이는 한인독립운동의 외연이 동아시아 반파시즘운동의 차원으로 확대되었음을 의미하였다.

이 글에서는 중일전쟁 발발 이후 시기를 중심으로 김원봉의 협동전선운동 및 국제연대 활동에 대해 살펴봄으로써 일제 침략기 동아시아 반제·반파시즘운동의 일환으로서 한국독립운동의 범주와 성격을 되짚어 보는 기회를 갖기로 한다. 아울러 이 같은 독립운동 행로를 밑받침해준 그의 독립운동관 및 독립운동 지도자의 한 사람으로서 리더십에 대해 생각해 보는 계기로 삼고자 한다.

2. 김구와의 합작 및 7당 통일회의 참여

중일전쟁의 발발은 한인세력의 단결과 협동을 요구하였고, 1938년 가을에 이르러 漢口·廣州 등이 함락되자, 중국국민당정부는 한인독립운동세력을 중국 항일전쟁에 동원하는 방안을 수립하였다. 1938년 11월 蔣介石 군사위원회 위원장은 국민당의 실력자인 陳果夫를 통해 金九를 重慶으로 초치하여, 한인세력의 중일전쟁 참여와 한인세력의 단결을 요구하였다. 이어서 1939년 1월 6일 桂林에 있는 金元鳳이 충칭에 와서 군부의 실력자인 陳誠을 만나, 국민당정부의 제안에 동의하였다.[1]

한인독립운동세력의 중국 항일전쟁 참여는 조국해방과 민족독립을 위한 '절호의 기회'였고, 이를 위한 한인세력의 단결과 통일이 급선무로 제기되었다. 그리하여 1939년 5월 10일 두 사람 공동명의의 「同志·同胞諸君에게 보내는 公開通信」[2]이 발표되기에 이르렀다.[3]

---

[1] 內務省警報局保安課, 『特高月報』 1939년 2월분, 120쪽.
[2] 朝鮮總督府 高等法院 檢事局 思想部, 『思想彙報』 20, 1939. 9, 243~251쪽.

이들은 공동선언문을 통해, 먼저 항일전선 불통일의 주된 원인이 자신들의 민족적 경각심 부족과 민족혁명의 전략적 임무를 정확히 파악 · 실천하지 못하였음에서 기인하였다고 자책하였다. 이어서 전민족적 역량을 집중한 통일조직의 건설이 요구되며, 통일조직은 전민족의 의견과 요구에 의한 혁명적 강령에 기초하여야 한다고 천명하였다.

그리고 협동전선의 형태로 제시된 '聯盟體' 형식에 대해서는, "현존하는 불통일 현상을 연장하고 무원칙한 파쟁을 합리화하는 데 지나지 않을, 새로운 파쟁과 분열의 소지가 있다"는 이유로 반대 의사를 천명하였다. 두 사람은 각 단체의 분립적인 활동을 중지하고 공동정강과 통일적 조직 하에 主義와 黨派를 초월하여 역량의 집중을 꾀할 것을 제안하였다. '單一黨'의 결성을 목표로 설정하였던 것이다.

그러나 협동전선의 형태에 있어서, 조선민족해방동맹과 조선민족전위동맹이 주장하는 연맹체 형태에 대한 두 사람의 반대 입장은 좌우합작을 통한 민족협동전선의 결성이 용이한 일이 아님을 의미하였다.

김구와의 공동선언에 이어서, 국민당정부의 적극적인 개입과 주선에 의해 7당 통일회의가 개최되었다. 1939년 8월 27일 四川省 綦江에서 韓國革命運動統一7團體會議(이하 7당통일회의)'가 개최되었다. 참가 단체와 대표는 한국국민당: 趙琬九 · 嚴恒燮, 한국독립당: 洪震 · 趙素昻, 조선혁명당: 李靑天 · 崔東旿의 한국광복운동단체연합회 측, 조선민족혁명당: 成周寔 · 尹世胄, 조선혁명자연맹: 柳子明 · 李何有, 조선민족해방동맹: 金星淑 · 朴建雄, 조선청년전위동맹: 申翼熙 · 金海岳의 조선민족전선연맹 측으로 각 단체대표 2인씩 14명이었고, 신익희 · 조소앙 · 조완구 3인이 주석단에 선임되었다.

---

3) 內務省警報局 編, 『社會運動의 狀況』 11, 1939, 1047쪽.

회의 진행 상황을 살펴보면, "회의 초기에는 마음을 합쳐 함께 나아간다"는 공감대가 형성되어 있었다. 그러나 조직 방식에 대한 논의에 이르자, 격렬한 논쟁이 벌어졌다. 조선민족해방동맹과 조선청년전위동맹의 두 공산주의단체는 주의가 서로 같지 않다는 이유로 '단일당 방식'에 단호히 반대하였다. 논쟁은 결말이 나지 않았고, 두 단체는 퇴장해 버렸다. 이는 회의가 좌초되는 원인이 되었다.

공산주의 두 단체가 이탈한 뒤에는 단일당 방식을 주장하는 5개 단체만 남았다. 이들은 조직 방식에 일치하였으므로, 공동으로 5당 통일조직을 먼저 완성하고, 다시 기타 소단체를 포괄하기로 결정하였다. 그러나 곧 통일당의 당의·정책 등의 문제에서 의견이 나뉘어, 회의는 중단되고 말았다"[4]고 하였듯이, 광복진선과 전선연맹 측은 제각기 자신들의 주장을 되풀이하였고, 회의는 결렬되고 말았다.

양측은 협동전선의 조직 방식 및 기본이념에 대한 차이와 임시정부의 위상을 둘러싸고 대립의 각을 세웠다. 논쟁 과정에서 드러나는 각 세력의 주장은 이 시기 재중 한인독립운동의 정치적 속성을 드러내고 있고, 독립운동가들 스스로 정치인으로서의 면모를 보여주는 사실이기에, 1930년대 말기 재중 한인독립운동의 본질을 이해하는 데 도움이 된다.

먼저 조직 방식에 있어서, 표면적으로는 해방동맹과 전위동맹이 연맹체 방식을 주장함으로써 문제점이 제기되었지만, 실제로는 광복진선 중 한국독립당과 조선혁명당도 내심 단일당 형태에 동의하지 않았다. 이들은 신당의 조직으로 상무위원의 합의제 채택을 주장하였다. 이들은 김구의 한국국민당과 김원봉의 민족혁명당이 협동전선의 장악을 우려하였던 것이다. 이에 반

---

4) 「7黨統一會議報告書」, 中央硏究院 近代史硏究所 편, 『國民政府與韓國獨立運動史料』 (이하 『國民政府史料』), 臺北, 1989, 20~22쪽.

해 민족혁명당은 "합의제는 신속함이 요구되는 혁명공작에는 적합하지 않다" 는 이유로, 위원장제의 단일 지도체제를 주장하였다.[5]

임시정부의 존폐 문제 또한 주요 쟁점이었다. 광복진선측은 "임시정부의 역사가 오래되고, 임시정부가 3·1운동 정신을 계승한 한국독립운동의 총영 도 기관이므로, 임정을 파괴하려는 자는 그 목적이 한국독립의 대업을 파괴 하는데 있다"고 생각하였다. 이에 대해 전선연맹측은 임정과는 별도의 '새로 운 기상(氣像)의 기구'를 건립해야 한다고 주장하였다.

사상 문제에 있어서, 광복진선측은 "각 당이 합작한 이후에는 이전의 사상 을 불문하고, 반드시 통일된 사상을 신봉해야 한다"고 한 반면에, 전선연맹측 은 "합당 이후에도 각 당의 사상을 자유롭게 견지해야 한다"고 주장하였다.[6]

회담 결렬의 원인은 각 세력의 주도권 경쟁과 관련이 있었다. 국민당정부 라는 국제적 원군을 배경으로 상대적 우위를 확보하고 있던 한국국민당과 민 족혁명당은 단일당 방식에 공동보조를 취하였다. 반면에 '재건' 한국독립당 과 조선혁명당이 단일당 방식에 동의하면서도, '상무위원제'라는 집단지도체 제를 요구한 것은 앞의 두 당에 비해 열세인 당력과 직접적인 상관이 있었다.

임시정부를 둘러 싼 갈등 역시 같은 맥락에서 다루어졌을 것이다. 즉 광복 전선의 3당은 이미 임정 여당 입지를 확보하고 있었으며, 임정의 존재는 이 들이 해외독립운동의 정통성을 주장할 수 있는 담보였다. 하지만 전선연맹 측에서 볼 경우, 임정의 존재는 자신들의 독자적인 위상 확립을 저해하는 장애요인으로 비쳐졌다.

통일회의의 성사를 위해, 김구 및 김원봉과 연쇄 접촉을 가졌던 캉저(康

---

5) 「韓黨統一會議決裂後各方談話記錄」, (1939. 10. 19, 이하 「各方談話記錄」), 『國民政府 史料』, 31쪽.
6) 「康澤·李超英·徐恩曾이 朱家驊에게 올린 보고서」(1940. 1. 19), 『國民政府史料』, 64쪽.

澤)의 견해에 따르면, 광복진선측에서는 "김원봉이 공산주의 사상을 신봉하지 않는다는 선언을 하면, 통일문제에 대한 협상을 재개할 용의가 있다"고 하였다. 이에 대해 김원봉은 "민족혁명당은 지금까지 좌경사상이 없었으므로, 특별히 공산주의를 신앙하지 않는다는 성명을 발표하기 곤란하다"면서, "광복진선이 통일의 성의가 결여되어 있고, 합작을 이루려하지 않는다"고 주장하였다.[7]

통일회의의 실패가 몰고 온 후유증은 적지 않았다. 한인 진영 내부의 자율적인 조정 능력에 대한 의문이 제기되었고, 국민당정부는 한인세력에 대한 지원정책을 재검토하기에 이르렀다. 1940년 4월 국민당정부는 한인세력을 광복전선과 전선연맹의 양대 세력으로 재편하여 지원키로 결정하였다. 또한 黃河 이남·長江 이북 지역은 韓國獨立黨 활동구역으로, 창쟝 이남지역은 民族革命黨의 활동구역으로 구분하였다.[8] 국민당정부는 한인세력의 활용을 극대화하는 한편, 향후 예기되는 갈등과 분쟁의 소지를 제거하려 하였던 것이다.

1942년 7월 국민당 중앙상무위원회는 戴傳賢·何應欽·王寵惠·陳立夫·朱家驊·王世杰·吳鐵城 등에게 한인독립운동에 대한 지원 정책을 재검토하도록 지시하였다. 그 결과 '하나의 단체를 원조한다'는 원칙이 정해졌고, 그 대상으로 김구가 이끄는 한국독립당이 결정되었다.

이 결정은 김원봉을 지원해 온 군사위원회 측의 반대에 직면하였지만, 국민당 내 反共路線의 대두 등을 배경으로 현실로 고착되었다. 1943년 3월 국민당정부는 "정부는 마땅히 임시정부를, 당은 한국독립당을, 군은 이청천의 광복군을 원조하는" 방침을 확인하였다.[9]

....

7) 「康澤과 朱家驊가 교환한 서신」(1940. 6. 3 및 6. 9), 『國民政府史料』, 83~84쪽.
8) 「援助朝鮮革命運動談話記錄」, 위의 책, 81쪽.

3. 국제연대 활동과 연대 논리

1) 반파시스트 국제연대 활동과 조선의용대의 창건

중일전쟁이 일어나자, 김원봉은 한·중 연합전선의 결성을 강조하여 "일본제국주의는 조선민족의 적인 동시에 중국민족의 적이기도 하다. 따라서 중국혁명운동의 승리는 조선민족해방 투쟁에 영향을 미친다. 중국항전의 승리는 조선혁명운동의 성공을 촉진시키며, 조선혁명운동의 발전은 중국항전의 승리를 촉진시킨다"고 하여, 한·중 연합의 국제적 연대를 상관관계로 파악하였다. 더불어 중일전쟁 발발에 직면한 항일투쟁 노선의 설정과 관련하여, 항일세력의 일치단결, 대중조직의 기초 확대, 타협주의 및 개량주의세력의 척결, 대중운동의 무장역량 강화 등을 당면 현안으로 지적하였다.

그의 한·중 연대 논리는 동아시아 반파시스 연대 논리로 이어졌다. 일제 침략에 공동 대응하고 있던 재중 한·대·일 반제·반일운동세력은 1937년 4월 15일자로 '일본·조선·대만 반파시스트 동맹대회' 명칭으로 "파시스트 연합 침략을 저지하는 가장 유효한 방법은 국제 반침략 역량을 집중하는 데 있음이 증명되었다. 전면적·지속적으로 타격을 집중시킴으로써, 능히 주효하게 세계평화를 옹호할 수 있을 것이다. 지금은 바로 전세계 평화역량이 단결하여, 파시스트 굶주린 이리들을 통격해야 할 순간이다"라는 내용의 電文을 발송하였다.

전문의 발송인은 '일본대표 青山和夫, 조선대표 金若山, 대만대표 謝南光'

---

9) 林能士, 「國民黨派系列의 政治와 韓國의 獨立運動」『近代韓國民族運動과 對日關係』, 제51주년 광복절기념 '韓國民族運動史의 再照明' 국제학술회의 발표요지, 1996. 8. 13, 115~117쪽.

이었다. 당시 세 사람은 국민당정부 군사위원회 정치부 및 국제문제연구소를 매개로 서로 연계되어 있었다.

이 사실은 조선의용대·대만의용대·재화일본인민반전동맹이라는 한·대·일 세 민족의 반일 국제연대 조직이 국민당정부의 '적극항전' 노선을 계기로 공식화되었음을 알려준다. 이러한 국민당정부의 영향력 하에서 전개된 재중 한·대·일 반일운동세력의 연대는 반일 국제기구의 결성으로 발전하였다. 이들은 1938년 7월 7일 「일본·조선·대만 반파시스트동맹 창립준비위원회 선언」을 통해

> "일제는 월남·인도·버마·필리핀 등 아시아 전민족을 정복하고, 아시아를 독점하려는 몽상을 실현하려 한다. … 일본파시스트 강도는 국내대중 및 식민지 조선과 대만의 민족을 모두 침략전쟁에 몰아넣어 죽이고, 동방의 모든 인민을 전쟁의 참화로 몰아넣을 것이다. … 일본파시스트 지배하의 우리들 피압박대중은 일본 국내의 근로대중이나 식민지 조선과 대만의 민족이나 모두 이미 엄중한 관두(關頭)에 도달해 있음을 명확히 해야 한다. … 우리는 스스로의 생존과 해방을 구해야 하며, 일본파시스트 강도의 도살 참화를 입고 있는 중국형제를 구해야 한다.
>
> 우리들 투쟁선상에서 가장 중요하고 공동적인 문제를 해결하려면, 그것은 어떻게 우리들의 투쟁역량을 하나의 동일한 보조에 집중하여 전진하는가? 어떻게 능히 중국의 위대한 항전을 지지할 것인가? … 하는 점이다. 우리는 우선적으로 반일 반파시스트군벌의 연합적 기구를 건립해야 한다. 우리들은 저 위대한 항전전선의 중국에서 반 일본파시스트 군벌 투쟁분자의 임무를 수행하기 위해, 연합하여 공동투쟁을 진행하자."[10]

---

10) 「日本朝鮮臺灣反法西斯同盟創立準備委員會宣言」, 『新華日報』, 1938년 7월 14일.

라는 반일 연합의 국제연대 형성을 선언하였다. 이 선언은 이해 12월 桂林에
서 '일본·조선·대만 반파시스트동맹'의 결성으로 결실 맺었다. 김원봉과 李
友邦 그리고 재중 일본인 반전운동집단의 대표적 인물인 鹿地亘가 주요 인
물로 확인되듯이, 조선의용대의 태동과 창건은 동아시아 반파시스트운동이
라는 틀 안에서 파악해야 할 사실이었다.

　이해 봄 전선연맹에서는 중국국민당 임시대표대회에 '물질적·정신적 지
원, 국제적 반일 연합전선의 결성, 중일전선에의 참전'을 요구하였고, 이에
대해 국민당정부는 비공식 대일정책 자문기구인 國際問題硏究所를 통해 김
원봉에게 조선의용대의 창건을 제안하였다.

　7월 7일 김원봉은 국민당정부 군사위원회에 조선의용대의 조직을 정식으
로 건의하였고, 군사위원회에서는 모든 한인세력의 연합을 전제로 이에 동의
하였다. 김원봉은 광복진선과 전시복무단에 대해 조선의용대의 합류를 종용
하였다. 김구계열에서는 이 제안을 거부하였으나, 전시복무단은 이에 동의
하였다.

　10월 1일 이래 김원봉·최창익·김성숙·유자명 등은 군사위원회 정치부
원 5인과 함께 규약과 강령을 마련하고, 재정·조직문제 등의 실무협의를
거침으로써, 10월 10일 우한(武漢)에서 조선의용대 결성식이 거행되었다. 조
선의용대는 국민당정부 군사위원회 정치부 제2청 소속으로 편제되었다.

　조선의용대는 국제연대 노선을 배경으로 한 한인무장부대로서의 측면과,
중국항일전쟁 체계의 일원인 國際縱隊의 측면을 아울러 갖고 있었다. 조선
의용대의 양면적 성격에 대해서는, 대장인 김원봉의 설명이 도움을 줄 수
있다.

　1939년 10월 10일 조선의용대 창건 1주년 기념대회에서, 그는 "본대는 조선
에서 성립되어 중국에 파견되어 온 것이 아니다. 또 중국정부가 모집한 것도

아니다. 중국의 조선동포들이 자발적으로 조직한 것이다. 조직의 의의는 직접 중국항전에 참가하는 것. 동방 피압박민족 및 전세계 약소민족에게 호소하여 공동전선에 서서 일본 강도를 타도하는 것이다. … 우리가 당면한 임무는 중국항전 전장에서 대적 선전공작을 전개하고, 각 국제친우들을 도와 우리들과 같은 대오를 조직하는 것이다"라고 하였다. 그는 다음과 같이 말했다.

> "중국항전을 불씨로 하여, 동방 각 민족이 모두 혁명의 횃불에 불을 붙였다. 이는 동방 피압박민족의 반일본제국주의 혁명의 새로운 발전이며, 이 새로운 발전은 장차 동방 각 민족해방 후의 우의의 기초를 세울 것이다. 때문에 우리들은 목전의 가장 주요한 공작이 재중국 각 민족의 무장대오 건립임을 깨닫고, 아울러 각기 국내의 혁명군중과 각 민족 간에 긴밀히 연대하여야 한다.
> 이리하여야만 비로소 중국항전의 승리와 동방 각 민족의 해방을 촉진할 수 있을 것이다. 재중국 각 민족 무장대오의 건립은 각 민족이 해방의 基幹隊伍를 쟁취하는 것일 뿐만 아니라, 이들은 중국항전 승리 후 동방 평화를 보장하는 同盟軍이다. 때문에 우리들의 무장대오 건립의 의의는 완전히 중국항전 승리와 동방 각 민족의 영원한 우의적 연합을 위한 것이다.[11]"

그는 중국 항일전쟁을 아시아 피압박민족해방운동의 구심점적인 가치로 설정하는 한편, 조선의용대와 대만의용대 등 각 민족 무장대오의 존재는 아시아 약소민족해방을 담보하는 반제국주의 투쟁역량일 뿐 아니라, 일제패망 후의 동양평화를 보장하는 국제연대의 연결고리로서 평가하였던 것으로 이해할 수 있겠다.

----

[11] 金若山, 「建立東方各民族友誼的新基礎」, 『朝鮮義勇隊通訊』 31기(1940. 1. 1), 1쪽.

그런데 1940년의 2주년 기념대회에서, 그는 "조선민족해방의 선봉대가 되어, 조선민족해방을 쟁취하는 것"과, "중국전장 상의 하나의 國際縱隊로서 國際友人의 모습을 보여주는 것"을 조선의용대의 두 가지 임무로 지적하였다.[12]

그의 설명대로, 조선의용대의 위상은 한인의 자발적인 참여 하에 창건되었다는 독자성과 동방 피압박민족 및 전세계 약소민족 공동전선의 일원이라는 국제성을 아우르고 있었다.

2) 조선의용대의 국제연대 활동

(1) 대만의용대와의 연대

1939년 2월 浙江省 金華에서 臺灣義勇隊가 결성되었다. 총본부는 진화에 있었고, 저장성 · 福建省 · 廣東省 · 江西省 일대를 주 무대로 활동하였다. 산하단체인 臺灣少年團은 조선의용대 산하 청소년단체인 조선 3 · 1소년단과 적극 교류하였다.

1939년 10월 10일 충칭에서 열린 조선의용대 창건 1주년 기념식장에는 대만의용대에서 보낸 축하 플래카드가 장식되었고, 1940년 3월 1일 조선의용대의 3 · 1운동 기념행사에는 대만의용대 대장 李友邦이 참석하였다.

4월 12일에는 日本評論社 주최 조선의용대와 대만의용대 환영모임이 있었다. 이 자리에서 김원봉은 중일전쟁 후 한층 열악해진 한인들의 생활상을 설명하고, "조선의용대의 기본임무는 선전활동이다. … 일제에 의해 끌려온 일본인 · 한국인 병사들을 귀순시켜 함께 일제를 타도하고, 중 · 한 양 민족의 독립과 자유를 쟁취하는 것"이라는 요지의 연설을 하였고, 리요우팡도 "대만

12) 『新華日報』, 1940년 10월 10일.

의용대의 임무와 목적은 조선의용대와 같다"는 동감을 표시하였다.[13]

대만의용대는 조선의용대에 보낸 서신에서 "우리들의 조직 과정에서 귀대 지도위원회 및 귀대 제동지들의 많은 도움을 입었던" 사실에 대해 감사의 뜻을 표시하였다. 또 김원봉도 "대만의용대의 성립에 우리들 또한 적지 않은 역량을 쏟았다"고 지적했는데, 이로 미루어 보면, 대만의용대는 결성 단계부터 조선의용대의 조직과 활동경험이 참조되었음을 유추할 수 있다.

"본대 지도위원 周咸堂 및 臺灣獨立革命黨 비서인 張─之 양 동지는 공무로 金華로 갔다"[14]는 기사와, 1940년 상반기 '리요우팡·장이즈 및 대만의용대 전체' 명의로, '조선의용대 김약산·지도위원 저우셴탕 형 및 전체동지'에게, 일제의 충칭 폭격으로 인한 조선의용대 대원 및 가족의 안부를 묻는 위문 서신에서, 조선의용대 지도위원을 김원봉 및 대원들과 함께 지칭하고[15] 있음은, 이들을 대만의용대를 지휘·지원하는 조직체계의 같은 성원으로 간주하고 있음을 뒷받침한다.

조선의용대를 '姊妹部隊', 조선의용대 대원을 '難兄難弟'로 부르고 있는 대만의용대 측의 기록[16]은 양 의용대 대원의 유대 모습을 잘 보여주고 있으며, 나아가 공동활동의 개연성을 암시한다. 어쩌면 특정임무를 띠고 대만의용대에 파견되었을지도 모를 河振東은 조선의용대로 귀대한 후, "당신들의 단체 의식과 활동 성적이 뛰어남에 우리들은 경의를 표합니다. 특히 당신들의 열성적이고 활발한 태도는 저로 하여금 영원히 잊지 못하게 할 것입니다"[17]라는 요지의 서신을 보내기도 하였다.

---

13) 『新華日報』, 1940년 4월 13일자.

14) 『朝鮮義勇隊通訊』19·20기 합간(1939. 8. 1), 11쪽.

15) 『臺灣先鋒』5기(1940. 9. 15), 28쪽.

16) 正中, 「八月二號在隊本部: 記古廟中的盛會」, 『臺灣先鋒』4기, 76·78쪽.

17) 『臺灣先鋒』5기, 48쪽.

또 1939년 2월 궤이린에서 열린 조선의용대의 외국인기자 초청모임에는 대만의용대 대원도 참가하여, 중국 항일전쟁 참가 취지 등을 설명하였다. 1940년 4월 리요우팡은 충칭에서 조선3·1소년단 단원들을 격려하고, 대만소년단의 정황을 소개하였다. 1942년 5월 조선의용대와 대만의용대는 청산연구실(靑山硏究室, 靑山和夫를 중심으로 한 재중 일본인 반전운동집단의 모임, 필자) 측과 함께, '日韓臺捕虜訪問團'을 조직하여, 충칭 일원의 포로수용소를 방문하였다.

단편적이기는 하지만, 일련의 사실은 조선의용대와 대만의용대의 국제연대 관계가 의식면에서의 공유뿐만 아니라, 항일전장에서의 연합활동 단계까지 진전되었음을 확인해준다.

(2) 일본인 반전운동 집단과의 연대

1938년 12월 25일 桂林의 樂群社 강당에서 在華日本人民反戰同盟(이하 반전동맹) 성립대회가 열렸다. 이날 김원봉은 '조선의용대 대장' 자격으로 축사를 하였다.[18] "충칭에 있는 조선의용대는 충칭에 거주하는 반일 외국인과 제휴하여, '국제부대'라는 항일진영을 조직하고, 일본반전주의자동맹 가지와다루 일파도 역시 본대와 제휴를 획책하고 있는 듯하다"[19]는 일제 정보자료의 분석과 더불어, 조선의용대와 반전동맹이 연대관계를 유지하며, 중국항일전쟁의 한 축을 이루었음을 뒷받침한다. 재화일본인민반전동맹의 지도자인 鹿地亘는 김원봉의 첫인상을 다음과 같이 적었다.

---

18) 『抗戰日記』, 181쪽, 鹿嶋節子, 「鹿地亘の著作にみる朝鮮義勇隊」, 河合和男·飛田雄一·水野直樹·宮嶋博史 편, 『論集 朝鮮現代史』(강재언선생 고희기념 논문집), 東京: 明石書店, 1996, 389쪽에서 재인용.
19) 『特高月報』, 1940년 9월분, 105쪽.

"늠름하고 딱 벌어진 뼈대, 붉은 구릿빛으로 빛나는 피부를 가진, 그의 경력에 어울리는 외모의 군인이었다. 국민당군의 장교복을 입고 있었다. 검고 뻣뻣한 머리카락, 굵은 눈썹, 40을 조금 넘긴 나나 靑山和夫보다 5·6세가량 연상일지?

아오야마 가즈오로부터 소개받은 나는 외경 섞인 흥미로움을 느끼면서, 그의 크고 강한 손을 잡았지만, 기회를 이용하는 것을 허용하지 않는 날카로운 눈빛을 별도로 한다면, 그의 사람을 대하는 태도는 매우 정중하였다."20)

이어서 그는 다음과 같이 조선의용대를 평가하였다.

"이 나라에 머물고 있는 조선의 애국자들이 항전 참가를 위해 김약산의 지휘 하에 조선의용대를 결성하고, 대만인 애국자들이 조국의 저항을 돕기 위하여 대만의용대를 조직하려 한 것은 특기하지 않으면 아니된다.

특히 조선의용대는 黃埔 기타 중국군관학교에서 훈련받은 적이 있는 청년군인을 기간으로 하여, 수백 명의 구성을 갖고 있어, 한 부대는 武漢戰鬪 후 북상하여 延安과 華北으로 들어갔고, 다른 한 부대는 우한 방위를 위해 무장선전대로 활동한 후, 국민당군과 함께 후베이·후난·광시·스추안성의 각 전장에 흩어져, 이윽고 일본인반전동맹이 조직되자, 각지에서 밀접하게 이들과 협력하여 활동하였다."21)

12월 8일 조선의용대가 주최한 '아오야마 가즈오와 일본 반전동지 환영회'에서, 김원봉은 "일본 반전형제와 우리 조선의용대는 똑같이 파시스트에 반대하는 좋은 형제"라고 소개하였고, 아오야마 가즈오는 김원봉의 권유로 일

20) 鹿地亘, 『火の如く風の如く』, 講談社, 1969, 44쪽.
21) 鹿地亘, 『日本兵士の反戰運動』, 同成社, 1982, 26쪽.

본민요를 불렀다. 또 중국인 劉모는 중국 '舊劇'을 공연하였다. "중 · 한 · 일 친구들이 같은 전선에 서서 공동으로 일본군벌을 타도하기 위한 성난 목소리였다." 즐거운 노래 소리 속에서 '國際友人의 잔치'는 끝났다[22]는 표현은 조선의용대와 일본인 반전운동집단의 연대 모습을 잘 보여준다.

또 아오야마 가즈오는 "중국 항일전선에서 가장 크고 유력한 국제대오인" 조선의용대는 "일본혁명을 목적으로 하는 우리들에게 있어서 모범이며, 큰 형이며, 혁명선배이다"고 말한 다음, "조선의용대가 큰형으로서 지원하고 있는 중국에서 항전 중인 일본혁명분자와 맺는 혁명적 관계는 일본혁명투쟁운동사 상 공전의 역사적 의의가 있다"고 평가하였다.[23]

이상의 국제연대 활동 사실에서 보듯이, 1938년 10월 10일 조선의용대 창건은 동아시아 반파시스트 국제통일전선운동의 차원에서 접근되어야 할 사실이었다. 앞에서 살폈듯이, 1938년 상반기 중국국민당정부 일각에서는 중국 지역에서 활동 중인 한국 · 대만 · 일본인 등을 망라하여 국제 반파시스트 무장부대를 결성하려는 시도가 있었고, 조선의용대의 창건은 그 연장선상에서 이해될만한 것이었다.

조선의용대는 군사위원회 정치부 제3청이 주관하는 대일 선전활동의 중심 역할을 하며, 대만의용대와 일본인 반전운동집단을 이끄는 '맏형' 노릇을 하였다. 국민당정부는 대만의용대와 일본인 반전운동집단을 조선의용대의 하부구조로 편제함으로써, 군사위원회 정치부 → 조선의용대 지도위원회 → 조선의용대 · 대만의용대 · 재화일본인민반전동맹으로 이어지는 동아시아 국제연대 체계를 구상하였다. 리요우팡을 비롯한 대만의용대 간부들과, 일본인 반전운동의 리더인 가지 와다루 · 아오야마 가즈오 등의 조선의용대 위

---

[22] 張恩澤, 「歡迎日本戰友」, 『朝鮮義勇隊通訊』 39기(1941. 1. 1), 14쪽.
[23] 青山和夫, 「我們要學習朝鮮義勇隊」, 『朝鮮義勇隊通訊』 40기, 9쪽.

상에 대한 찬사와 언급도 이 같은 상황을 배경으로 하였던 것으로 유추할
수 있다.

4. 안재홍과 김원봉의 인연

독립운동 시기 안재홍과 김원봉의 인연은 두 측면에서 접근해 볼 수 있다.
먼저 1910년대 후반 중앙학교에서의 만남이다. 안재홍은 1910년 도쿄로 건너
가 조선인유학생학우회 활동에 참여하였고, 1911~1914년 早稻田大學 정경학
부를 졸업하였다. 1915년 귀국하여 언론계에 종사하면서 1917년까지 中央高
等普通學校 교감 직을 역임하였고, 조선중앙기독교청년회 교육부 간사를 지
냈다.

한편 김원봉은 1916년 초 중앙학교에 입학하였고, 10월 중국 天津으로 건
너가 德華學堂에 입학한 것으로 밝혀진다. 안재홍이 교감으로 근무하던 시
기, 김원봉이 학생으로 입학하여 두 사람은 사제관계를 맺었던 것이다. 비록
선생님과 학생으로 만났지만, 두 사람이 진취적인 시대인식을 공유하고 있었
던 사실 등을 감안하면, 단순한 학생과 교감 선생님의 관계에 그치지는 않았
을 터이다.

다음으로 1930년대 중반 한국사회를 떠들썩하게 했던 소위 '軍官學校事件'
이다. 1930년대 초·중반 중국 南京 일원을 무대로 義烈團은 朝鮮革命軍事政
治幹部學校를 설립하여, 소정의 군사·정치교육 과정을 통해 이들을 '청년투
사'로 양성하였다. 이와 관련 국내 독립운동진영과 연계하여 입교생을 모집
하였는데, 이 과정에서 안재홍은 입교 청년들에게 소개장을 써 주었고, 이
사실이 일제에 발각되어 형을 치뤘다.

밝혀지는 자료에 의하면, 안재홍은 李昇馥[24]의 소개로 鄭泰運이라는 청년에게 金枓奉 및 朴南坡 앞으로 소개장을 써 주었다.[25] 안재홍은 일제 심문과정에서 "李昇馥으로부터 피소개자 鄭泰運의 사정을 듣고 그 청년을 金枓奉과 朴南坡에게 소개하여 그의 志操敎養을 받게 하여 그 청년이 제구실을 할수 있는 민족주의자로 만들어 조선독립운동에 가입시키도록 해 달라는 취지로서 소개장을 써 주었다"고 대답했다.[26]

당시 김두봉은 조선혁명군사정치간부학교 3기생 교관으로 한글·한국역사·한국지리를 가르치고 있었다.[27] 안재홍은 "내가 24·5세경 나와 그는 학교 교원을 하고 있었던 관계상 친구가 되어, 京城에 있던 중에는 서로 왕래"[28]하였고, "金枓奉은 金元鳳과는 같은 慶南 출신이므로 친한 사이로 생각하고 있다. 따라서 金元鳳과 金枓奉은 같은 단체에서 민족운동을 하고 있는 것으로 생각한다"[29]고 진술하였다.

----

[24] 1927년 1월 新幹會 발기인으로 참여했으며, 동년 2월 신간회 창립대회에서 선전부 총무간사에 선임되었다. 1927~1933년에는 朝鮮日報 이사 겸 영업국장으로 재직하며 언론을 통한 계몽운동에 힘썼다. 1932년 安在鴻 등과 재만 동포 구호활동을 벌이다가 일제의 구호금 소비 조작으로 8개월 동안 옥고를 치루었다.

[25] 국사편찬위원회 포탈, 한국사데이터베이스, 韓民族獨立運動史資料集 45권, 中國地域獨立運動 裁判記錄 3 > 中國軍官學校 입교주선 사건(國漢文) > 경찰신문조서 > 李昇馥 신문조서(제二회)(1936. 6. 4).

[26] 국사편찬위원회 포탈, 한국사데이터베이스, 韓民族獨立運動史資料集 45권, 中國地域獨立運動 裁判記錄 3 > 中國軍官學校 입교주선 사건(國漢文) > 경찰신문조서 > 安在鴻 신문조서(1936. 6. 2).

[27] 한상도, 『한국독립운동과 중국군관학교』, 문학과지성사, 1994, 274쪽.

[28] 국사편찬위원회 포탈, 한국사데이터베이스, 韓民族獨立運動史資料集 45권, 中國地域獨立運動 裁判記錄 3 > 中國軍官學校 입교주선 사건(國漢文) > 경찰신문조서 > 安在鴻 신문조서(1936. 6. 2).

[29] 국사편찬위원회 포탈, 한국사데이터베이스, 韓民族獨立運動史資料集 45권, 中國地域獨立運動 裁判記錄 3 > 中國軍官學校 입교주선 사건(國漢文) > 경찰신문조서 > 安在鴻 신문조서(1936. 6. 2).

5. 맺음말 : 통합과 연대의 동력으로써 김원봉의 리더십

김원봉이 의열단 단장에 해당하는 義伯에 추대된 사실과, 의열단이 그를 중심으로 조직적이고 일사불란한 팀워크로 의열투쟁을 전개한 사실은 지도자로서 그의 리더십을 대변하고 있다. 그의 리더십은 어떤 모습이었을까? 무엇이 그를 구심점으로 하여 일군의 그룹이 조직화해 갈 수 있도록 만들었을까? 이와 관련하여 일제정보자료는 다음과 같은 분석 자료를 남겼다.

> "오는 자를 막지 않고 가는 자를 쫓지 않는다는 식의 태도를 가지고 있으므로, 단원의 한계가 심히 명료하지 않다. … 보기에 따라서는 재중국 한인 독립운동자들은 거의 전부가 의열단원인 것같이 고찰되나, 또 일면으로 보면, 김원봉 1인의 의열단이라고 말할 수 있다.
> 요컨대 의열단이란 김원봉이라는 인물을 중심으로 기약하지 않고 모인, 죽음을 무릅쓰는 不平輩의 집합단체로서 그 外圍를 따라 다니는 분자는 이합집산이 무상하여 한결같이 중심의 인력에 의하여 모이는 것이라 말할 수 있다. 따라서 동 단의 진상을 아는 자는 단장 김원봉 1인 뿐이다."[30]

댓가나 반대급부를 기대하기 어려웠던 상황에서 "기약하지 않고 모인" 단원들이 죽음을 무릅쓰고 단원들이 김원봉을 중심으로 활동한다는 것이다. 1920년대 전반기 시점에서 일제정보력은 의열단의 실체를 제대로 파악하지 못하고 있다는 뜻이다. 또

> "얼핏 보기에는 우유부단한 것 같으나, 성질이 극히 사납고 또 치밀하여 傲岸不敵의 기백을 가지고, 행동도 또한 매우 극히 輕妙하여 신출귀몰하는

---

30) 대한민국국회도서관 편, 『한국민족운동사료: 중국편』, 1976, 485쪽.

특기를 가지고 있고, 부하를 위해 재산을 능히 바치고도 아까와 하지 않고, 매우 恬淡한 기풍이 있다. 때로 부하의 궁핍을 들으면, 자기가 입은 옷을 전당잡히게 한다고 말한다. 따라서 부하 또한 그를 대우하여 義伯이라 칭하며, 신망이 극히 돈독하다."[31]

고 한다. 단원들이 자신보다 연하인 '의백'의 지시와 명령을 따라 자신의 삶을 의열투쟁의 현장에 바친 사실에는 리더로서 김원봉의 능력과 역량이 함축되어 있다. '어느 병원의 원장이나 교장선생님 같은' 온화한 인품의 소유자로 비쳤던 김원봉의 모습은 '권총과 폭탄으로 모든 문제를 해결하려 한' '소문처럼 그렇게 무서운 사람'이 아니었다. "그 분은 타고난 카리스마(마술적인 자질)로 해 우리들의 마음을 끌고, 또 자연스레 복종을 하게끔 만들었다"[32]고 한 한 조선의용대 대원은 리더로서 김원봉의 면모를 그려보는 데 도움을 준다.

그렇다면 의열단원들이 기꺼이 항일투쟁의 제단에 스스로를 바치게끔 이끈 의백의 리더십은 어디에서 도출되었을까? 이는 의열단 → 민족혁명당 → 조선의용대로 이어지는 독립운동 시기 그의 활동기반 내지는 조직체계에서 이탈자가 없었다는 사실[33]에서 그 실마리를 찾아볼 수 있을 것이다.

그것은 자신보다 조직, 나아가 민족을 우선시하는 利他的인 인생관으로 표현할 수 있을 듯 싶고, 여기에서 '겸손'[34] '관용' '배려' '솔선수범'의 리더십

---

31) 위의 책, 487쪽.

32) 김학철, 『최후의 분대장』, 문학과지성사, 1995, 178쪽.

33) 1930년대 전반기 崔昌益과 許貞淑이 南京으로 피신 와서 민족혁명당에 기숙하였다가, 끝내는 조선의용대 대원들을 부추겨 중국공산당 항일근거지로 이동해 버린 사실이 예외적으로 지적될 수 있을 것이나, 최창익과 허정숙은 애당초 김원봉과 고락을 함께 해 온 사이가 아니었으며, 국내에서 일제의 감시를 피해 중국으로 건너와 김원봉에게 일시적으로 의탁한 것뿐이었다.

34) 이러한 측면에 관해서는 "금후 정치는 인민을 행복스럽게 자유스럽게 하기에 힘쓸

이 우러나올 수 있었을 것이다. 그의 면모와 관련하여 김원봉의 항일역정을 잘 아는 인물들은 다음과 같은 회고를 남겼다.

"김원봉은 굉장한 정열의 소유자였습니다. 동지들에 대해서도 굉장히 뜨거운 사람이었지요. 그는 자기가 만난 사람을 설복시키고 설득시켜 자기 동지로 만들겠다고 결심하면 며칠을 두고 싸워서라도 모든 정열을 쏟아서 뜻을 이뤘지요. 그렇기 때문에 동지들이 죽는 곳에 뛰어들기를 겁내지 않았던 것 아닙니까? 그만큼 남으로 하여금 의욕을 내게 하는 사람이었지요. 그것이 김원봉의 가장 큰 능력이었습니다."[35]

"이런 특장이 있어요. 公을 위해서는 私를 버립니다. 또 끈질겨요. 왜 우리 속담에 바둑을 두어 보면 그 사람 성격을 안다고 하지 않아요? 어지간한 사람은 바둑을 두다가 국면을 봐서 희망이 없으면 그곳을 버리고 다른 데 가서 새롭게 시도해 보는데, 김원봉은 다 죽도록 끝장을 보고 맙니다. 다 죽도록 끝까지 끌고 가요. 막판이 닥쳐와도 끝까지 끌고 가는 것이 그 사람의 성격입니다. 한편 돈은 도량 있게 씁니다. 동지들에게 폭이 넓게 행동합니다.
식견이야 뭐 특별한 게 없지요. 그러나 상식적으로 볼 때 그만 하면 됐다 싶지요. 머리가 빨리 돌아가는 사람은 아니고, 그저 꾸준하고 폭이 넓고 포용성이 풍부한 사람이었지요. 동지들에게 언재나 잘 했어요."[36]

것은 물론이다. 오는 도중에 발을 벗고 남루한 의복을 입은 동포를 보니 잔혹한 일본 침략정치 하에서 얼마나 신음하였는가를 알 수 있으며, 해외에서 자유스럽게 지내온 우리들은 오히려 편안하였다고 할 수 있다. 해외에서 28년 간 풍상을 다 겪으며 투쟁하여 오던 동지가 많이 세상을 떠났고, 우리들은 환국하게 된 것은 여러가지 감회가 착종하여 목을 메이게 합니다."(「귀국 소감」,『東亞日報』 1945년 12월 3일)라는 자료가 보탬을 줄 수 있을 것이다.

35) 「김성숙 회상」, 이정식 면담, 김학준 편집·해설,『혁명가들의 항일회상』, 민음사, 1988, 84쪽.
36) 「정화암 회상」, 위의 책, 354~355쪽.

그랬다!

그는 "꾸준하고 폭이 넓고 포용성이 풍부한" 관용의 리더십, "公을 위해서는 私를 버리는" 先公後私의 이타적 리더십, 정열을 쏟아서 동지를 설복하고 설득시키는 열정의 리더십을 갖춘 義伯이었다. 그것이 단원 동지들로 하여금 기꺼이 자발적인 희생의 길로 나아가게 이끌었던 것이다.

필자소개

┃정윤재┃

한국학중앙연구원 사회과학부 교수

┃김인식┃

중앙대학교 다빈치교양대학 부교수

┃김경민┃

서울대학교 환경대학원 환경계획학과 부교수

┃이지은┃

서울대학교 환경대학원 환경계획학과 박사과정 수료

┃박용규┃

고려대 한국사연구소 연구교수

┃한상도┃

건국대 사학과 교수